新时代国际视野拓展系列教材

法语国家国情

La Francophonie

主　审　刁建东

主　编　江佳佳　　徐晓葭　　孙承辉

副主编　程雅兰　　严婷婷

中国商务出版社

图书在版编目（CIP）数据

法语国家国情：法文/江佳佳，徐晓葭，孙承辉主编. —北京：中国商务出版社，2021.8（2022.7 重印）
新时代国际视野拓展系列教材
ISBN 978-7-5103-3880-9

Ⅰ.①法… Ⅱ.①江… ②徐… ③孙… Ⅲ.①法语-国家-概况-法文 Ⅳ.①K91

中国版本图书馆 CIP 数据核字（2021）第 140805 号

新时代国际视野拓展系列教材

法语国家国情
FAYU GUOJIA GUOQING

主　审　刁建东
主　编　江佳佳　徐晓葭　孙承辉
副主编　程雅兰　严婷婷

出　　版：中国商务出版社
地　　址：北京市东城区安定门外大街东后巷 28 号　　邮　　编：100710
责任部门：职业教育事业部（010-64218072　295402859@ qq. com）
责任编辑：周　青

总 发 行：中国商务出版社（010-64208388　64515150）
网　　址：http://www. cctpress. com
邮　　箱：cctp@ cctpress. com

排　　版：北京嘉年华文图文制作有限责任公司
印　　刷：廊坊市长岭印务有限公司
开　　本：710 毫米×1000 毫米　　1/16
印　　张：10　　　　　　　　　字　　数：192 千字
版　　次：2021 年 8 月第 1 版　　印　　次：2022 年 7 月第 2 次印刷
书　　号：ISBN 978-7-5103-3880-9
定　　价：48.00 元

编 委 会

主　审

刁建东

主　编

江佳佳　徐晓葭　孙承辉

副主编

程雅兰　严婷婷

编　者

孟婕　徐祎譞　黄文茜　汪慧晔　徐汀　张勇

Foreword

　　法语国家国际组织发布的研究报告显示，截至 2018 年，全球讲法语人数达 3 亿人，法语是位于汉语、英语、西班牙语和阿拉伯语之后的全球第五大语言。法语是联合国、国际奥林匹克委员会、世界贸易组织等众多国际组织和机构的官方用语，是除英语以外适用范围最广的语言。《世界法语》的研究报告显示，全世界常用语言为法语的人中 60% 在非洲，非洲已成为法语国家与地区的中心。在中非合作论坛、"一带一路"倡议等活动的推动下，中国企业纷纷与非洲法语国家开展各种经贸业务。因此，了解法语国家特别是非洲法语国家基本国情是高职院校应用法语专业人才培养的主要目标。

　　法语国家是一个非常宽泛的概念，包括以法语为官方语言或官方语言之一的国家、加入法语国家与地区国际组织的国家以及法语具有特殊地位的国家（北非三国）。因篇幅有限，本教材主要涉及法国和非洲法语国家。其中非洲法语国家依据北非、西非、中非及印度洋四个区域划分，选取比较有特色的方面做介绍。

　　2019 年，全国高等职业学校应用法语专业教学标准制定工作组在一项调研中得知，开设法语国家概况课程的院校占 83.3%，所用教材多为本科层次概况类教材，尚无专门针对高职院校的法语国家国情教材。基于上述背景，我们着手编写本教材。

　　本教材语言力求简单、简练，但由于涉及众多领域，如环保、城镇化、网络建设等，生词较多，难免增加学习难度，需要调动学习者积极性，动手查阅。

　　教材的主要特点包括下面几个方面：

　　（1）在框架结构上，突出经济维度，更具实用性。本教材分别从宏观和微观角度介绍法国和非洲法语国家当前的经济发展情况，希望对法语国家国情研究做有益补充。

　　（2）在内容选材上，体现思政性、时代性和趣味性。本教材将中法关系、中非合作、生态保护、网络建设等时下主题以图文并茂的方式展现出来，启发读者思考。

本教材第一章至第三章由上海工商外国语职业学院徐晓葭团队编写，第三章至第四章由江西外语外贸职业学院程雅兰团队编写，第五章至第六章由山东外贸职业学院江佳佳编写，第六章至第七章由山东外贸职业学院孙承辉编写。江佳佳负责全书统稿和校对。

感谢山东外贸职业学院比利时外教 Benjamin Liégeois 为本教材做的校对工作，感谢青岛泰凯英轮胎有限公司张勇提供的资料支持，感谢对外经济贸易大学赵永升教授提出的宝贵意见。结合融媒体教材建设指导思想，本教材编写团队将继续搭建配套网络课程和网络资源库，敬请期待。

由于编者水平有限，教材难免疏漏，敬请不吝赐教。联系方式：fanny7747@163.com。

编　者

2021 年 8 月 2 日

CONTENTS ...

About the France

001   Introduction   Le français et la Francophonie

007   Chapitre I   Généralité de la France

019   Chapitre II   Histoire et politique de la France

035   Chapitre III   Économie de la France

059   Chapitre IV   Portraits divers de la France

079   Chapitre V   Généralités des pays africains francophones

104   Chapitre VI   Économie des pays africains francophones

136   Chapitre VII   Portraits divers des pays africains francophones

CONTENTS

Introduction
Le français et la Francophonie

Contrat de travail

Après les études de cette introduction, vous devez
- Savoir la naissance du français et son expansion dans le monde.
- Comprendre la notion de la francophonie et son évolution.
- Vous familiariser avec la promotion du français et envisager son avenir.

Le français fait partie à la famille des langues indo–européennes. C'est l'une des langues les plus répandues au monde et l'une des six principales langues de travail de l'ONU. Comme toutes les autres langues, le français possède une longue histoire.

L'origine du français

L'origine du français remonte au Ve siècle avant J.–C., lorsque les Gaulois ont envahi la Gaule et ont apporté le celtique sur cette terre. Trois siècles plus tard, l'invasion des anciens Romains a porté le latin populaire, qui a remplacé les divers dialectes natifs basés sur le celtique.

À la fin du VIe siècle, l'Empire romain d'Occident amorce son déclin. L'immense territoire de l'Empire se dépèce sous l'envahissement des Barbares, les peuples commencent à fusionner, et les langues, à s'entrelacer. Sur le territoire de la Gaule Romain, le latin vulgaire s'est transformé après l'invasion des Francs. Deux dialectes existent : langue d'oïl au nord, langue d'oc au sud. Progressivement, le dialecte de l'Île-de-France, parlé par les classes sociales les plus aisées de Paris, a finalement prévalu.

Le statut consolidé

Le 14 février 842, le plus ancien document écrit en langue française-romane sous le nom de *Les Serments de Strasbourg* voit le jour. Pour la première fois dans l'histoire, hors le latin qui est le porte-parole de l'Église et du Pouvoir, la langue dite vulgaire a la charge du bureau où sont archivés les documents. Le français est venu au monde, d'un mélange de latin, de langue germanique et francique.

Au début, seules les classes aristocratiques de Paris et du Nord parlent français. Une série de mesures primordiales et d'événements historiques marquent la popularisation de cette langue. En 1539, comme il est stipulé dans l'ordonnance de *Villers-Cotterêts*, signé par François Ier, tout acte administratif sera rédigé en français dès lors. En 1635, le cardinal de Richelieu promeut la fondation de l'Académie française dont les membres sont nommés « immortels ». Pour ces derniers, leur mission est de défendre les vertus de la langue française. Codifié par les Académiciens, le prestigieux Dictionnaire se fait jour pour favoriser l'explicitation des mots et le bon usage du français.

En 1790, l'abbé Grégoire préside une enquête d'envergure à travers le pays et souligne l'importance de l'enseignement du français dans l'instruction publique : Apprendre le français. Avec l'avènement de l'ère industrielle, les déplacements d'une région à l'autre et les échanges économiques et culturels deviennent de plus en plus fréquents. La langue française, en tant qu'outil d'échange et de communication, concise et belle, a finalement été popularisée.

La francophonie

Mais quel est le sens du terme « francophonie » ? Vers la fin du XIXe siècle, sous la plume d'un géographe français qui s'appelle Onésime Reclus, ce terme descriptif voit le jour pour désigner l'ensemble des personnes et des pays qui ont en commun l'usage, total ou partiel, de la langue française. Selon les statistiques de 2018, on dénombre environ 284,4 millions de francophones dans le monde, quasiment tous les continents parcourus excepté l'Antarctique.

Comptant 54 membres, 7 membres associés et 27 observateurs, l'Organisation internationale de la Francophonie (OIF) fondée le 20 mars 1970 à Niamey, met en œuvre la coopération francophone qui s'engage dans presque tous les domaines : la diversité linguistique et culturelle, l'égalité des chances en éducation, la démocratie et la paix, la collaboration économique, le développement durable, etc.

Tableau Intro–1　Les 88 États et gouvernements membres de plein droit, membres associés et observateurs de l'OIF [1]

54 membres de plein droit		
• Albanie	• Côte d'Ivoire	• Maurice
• Andorre	• Djibouti	• Mauritanie
• Arménie	• Dominique	• Moldavie
• Belgique	• Égypte	• Monaco
• Bénin	• France	• Niger
• Bulgarie	• Gabon	• Roumanie
• Burkina Faso	• Grèce	• Rwanda
• Burundi	• Guinée	• Sainte–Lucie
• Cabo Verde	• Guinée–Bissau	• Sao Tomé–et–Principe
• Cambodge	• Guinée équatoriale	• Sénégal
• Cameroun	• Haïti	• Seychelles
• Canada	• Laos	• Suisse
• Canada/Nouveau–Brunswick	• Liban	• Tchad
• Canada/Québec	• Luxembourg	• Togo
• Centrafrique	• Macédoine du Nord	• Tunisie
• Comores	• Madagascar	• Vanuatu
• Congo	• Mali	• Vietnam
• Congo (RD)	• Maroc	• Wallonie–Bruxelles (Fédération)

suite du tableau

7 membres associés		
• Chypre	• France/Nouvelle–Calédonie	•Kosovo
• Émirats arabes unis	• Ghana	•Qatar
		•Serbie
27 observateurs		
• Argentine	• Gambie	• Monténégro
• Autriche	• Géorgie	• Mozambique
• Bosnie–Herzégovine	• Hongrie	• Pologne
• Canada/Ontario	• Irlande	• Slovaquie
• Corée du Sud	• Lettonie	• Slovénie
• Costa Rica	• Lituanie	• Tchèque
• Croatie	• Louisiane	(République)
• Dominicaine	• Malte	• Thaïlande
(République)	• Mexique	• Ukraine
• Estonie		• Uruguay

Quant aux organes de l'OIF, une nouvelle dimension politique s'institue sous l'autorité des trois plus importantes instances : Le Sommet de la Francophonie, organisation étatique francophone internationale qui sert à prendre le bon chemin et qui s'assemble tous les deux ans; la Conférence ministérielle de la Francophonie (CMF) qui a lieu dans l'intervalle entre deux Sommets et qui consiste à surveiller la réalisation des projets issus du Sommet; le Conseil permanent de la Francophonie (CPF) chargé de la préparation et du suivi du Sommet, sous la présidence de la Secrétaire générale de la Francophonie qui est la plus haute responsable de l'OIF. Au plus près des populations, font de leur mieux les quatre opérateurs du Sommet : l'Agence universitaire de la Francophonie (AUF) ; TV5 Monde ; l'Association internationale des maires francophones (AIMF) ; l'Université Senghor d'Alexandrie.

Chaque année dans le monde, aux alentours du 20 mars, date de naissance de l'OIF, les ambassades des États et gouvernements membres et observateurs organisent la Fête de la Francophonie pour célébrer la langue française et les valeurs qu'elle porte au service de la coopération multilatérale, de la compréhension mutuelle et de la solidarité des peuples, ce que l'UNESCO (Organisation des Nations Unies pour l'éducation, la science et la culture) entend aussi promouvoir. La date du 20 mars, où l'on fête la Journée internationale de la Francophonie, est assignée la Journée de la langue française aux Nations Unies, comme initiative de l'ONU pour chacune de ses langues officielles. En Chine, la Fête de la Francophonie est célébrée pendant le mois de mars depuis plus de 24 ans.

Autrefois favori des classes aristocratiques et utilisé internationalement en diplomatie, le français a connu un déclin inexorable au XXe siècle, progressivement remplacé par l'anglais dans le cadre de la nouvelle politique étrangère et du commerce multilatéral, bien qu'il soit encore la langue de travail de l'ONU, regroupant près de 300 millions de francophones dans le monde. Défi toujours à relever. Le 20 mars 2018, à l'occasion de la Journée internationale de la Francophonie et à l'endroit symbolique de l'Académie française à Paris, le chef de l'État Emmanuel Macron lance son « grand plan d'ensemble » pour promouvoir la langue française : une trentaine de mesures financés qui vont soutenir les systèmes éducatifs dans les pays francophones, en particulier en Afrique, permettant aux professeurs de travailler à leur aise et à tout enfant d'acquérir une éducation de qualité en français. Faire du français « la première langue d'Afrique et du monde » : ambition louable, rêve délicat ou simple illusion?

Exercices

1. Rivalité entre le français et l'anglais à l'échelle mondiale: mythe ou réalité ?
2. La promotion du français doit-elle passer par les non-francophones? Pourquoi ?

Vocabulaire

abbé *n.m.* 教士	inexorable *a.* 不可避免的
amorcer *v.t.* 触发	louable *a.* 值得称赞的
aristocratique *a.* 贵族的	multilatéral, e *a.* 多边的
avènement *n.m.* 降临	patois *n.m.* 方言；土话
branche *n.f.* 分支	primordial, e *a.* 首要的
cardinal *n.m.* 红衣主教	promouvoir *v.t.* 推动
celtique *n.m.* 凯尔特语	solidarité *n.f.* 团结互助
déclin *n.m.* 衰落	s'entrelacer *v.pr.* 交错
indo-européen, ne *a.* 印欧语系的	rayonner *v.i.* 发扬光大

Références

[1] https://www.francophonie.org/88-etats-et-gouvernements-125

Chapitre I
Généralité de la France

Contrat de travail

Après les études du chapitre, vous devez
* Savoir les généralités de la France.
* Avoir une connaissance globale de la population française.

Avec une superficie d'un peu plus de 551 000 km² (641 000 km² si on ajoute les COM et DROM), la France est le plus grand pays de l'Europe occidentale et le 2e plus grand pays de l'Europe, après la Russie.

Située à peu près à égale distance du pôle Nord et de l'équateur (entre 42° et 51° de latitude Nord) et au centre de l'Europe occidentale, la France est au carrefour des réseaux de communication. Elle est aussi un point de passage privilégié entre les pays du Nord, les pays de l'Europe centrale et les pays méditerranéens.

1.1   La géographie de France

Objectifs

L'aperçu général de la géographie physique de la France.

L'aperçu général des régions et des départements administratifs français.

L'Hexagone

La France métropolitaine est souvent appelée « l'Hexagone », parce qu'avec ses trois côtes maritimes et ses trois frontières terrestres, elle s'inscrit dans une forme géométrique à six côtés.

Les côtés maritimes donnent sur la Manche (au nord), sur l'océan Atlantique (à l'ouest) et la mer Méditerranée (au sud). Elle a une frontière commune avec huit pays: la Belgique et le Luxembourg (au nord), l'Allemagne, la Suisse et l'Italie (à l'est), l'Espagne et l'Andorre (au sud-ouest), le petit État de Monaco (dans la France). De plus, le tunnel sous la Manche relie maintenant la France au Royaume-Uni.

Entre l'extrême nord du pays (Dunkerque) et l'extrême sud (Perpignan), il y a un peu moins de 1 000 km. Aucun point du territoire n'est à plus de 500 km de la mer.

Un relief varié

L'Hexagone est juste bordé par des mers de trois côtes et des montagnes (le Jura, les Alpes et les Pyrénées) de trois côtes. Avec un relief dans l'ensemble modéré (l'altitude moyenne de la France continentale est de 342 m), la France a pourtant une grande variété de paysages.

Des montagnes jeunes et élevées

Les reliefs sont mouvementés. La végétation change avec l'altitude. Ces montagnes sont couvertes de neige en hiver et on y fait du ski.

- Les Alpes (au sud-est, le mont Blanc, 4 807 m, est le point culminant d'Europe)
- Les Pyrénées (au sud-ouest, point culminant : 3 298 m), qui servent de frontière avec l'Espagne.
- Le Jura (à l'est, point culminant : 1 723 m)

– Le Massif Corse (en Corse, point culminant : 2 710 m)

Des plaines et des collines

Plus de la moitié du territoire français est occupée par des plaines et des collines de faible altitude (moins de 250 m).

Le Bassin parisien et le Bassin aquitain sont de vastes bassins sédimentaires fertiles.

Des rivières et des fleuves

Les rivières et les fleuves sont nombreux en France, pour la plupart de taille modeste. Parmi eux, il y a 5 grands fleuves : la Seine, la Loire, la Garonne, le Rhône et le Rhin.

Le climat

En France, il ne fait jamais très chaud l'été et jamais très froid l'hiver. C'est un climat tempéré, mais il varie aussi d'une région à l'autre. De plus, les quatre saisons sont bien marquées. On parle de trois types de climat en France :

– le climat océanique près de l'Atlantique

– le climat méditerranéen dans le sud

– le climat continental à l'intérieur du pays, dans l'est

Les régions et les départements

La France d'aujourd'hui compte :

– 96 départements et 13 régions administratives (12 en métropole + la Corse).

– 5 départements et régions d'outre-mer (D.R.O.M) : Guadeloupe, Martinique, Réunion, Guyane française et Mayotte.

– 4 collectivités d'outre-mer (C.O.M) : Saint-Pierre-et-Miquelon, Nouvelle-Calédonie, Polynésie française, îles Wallis et Futuna.

– TAAF : les terres australes et antarctiques françaises.

Chaque région a sa capitale régionale et chaque département a son chef-lieu.

La France d'outre-mer

Malgré le processus de décolonisation qui a suivi la Seconde Guerre mondiale, la France a conservé de son ancien empire colonial quelques territoires d'outre-mer, un ensemble de terres éparpillées, situées pour la plupart dans des régions tropicales. Ils sont peuplés de près de deux millions d'habitants.

Tableau 1-1　Les DROM (départements et régions d'outre-mer)

DROM	superficie	Population (2021)	Chef-lieu
La Guadeloupe	1 704 km²	397 990	Basse-Terre
La Martinique	1 128 km²	380 877	Fort-de-France
La Guyanne Française	86 504 km²	259 865	Cayenne
La Réunion	2 512 km²	850 727	Saint-Denis
Mayotte	374 km²	256 518	Dzaoudzi

Tableau 1-2　Les COM (collectivités d'outre-mer)

COM	superficie	Population (2021)	Chef-lieu
La Nouvelle Calédonie	18 575 km²	245 580	Nouméa
La Polynésie française	4 200 km²	267 000	Papeete
Saint-Pierre-et-Miquelon	242 km²	6 290	Saint-Pierre
Les îles Wallis et Futuna	274 km²	14 944	Mata Utu

TAAF : les terres australes et antarctiques françaises

Superficie : 439 391 km². Population en 2021 : 200 habitants.

L'archipel de Crozet, les îles Kerguelen, la Nouvelle–Amsterdam, Saint–Paul, dans l'océan Indien ; la Terre Adélie, dans l'Antarctique. 439 391 km² au total, mais quasiment inhabités. Ces territoires sont utilisés comme bases scientifiques.

Exercices

1. Associez les chiffres aux noms.

    1) La superficie de la France   A. 4 807

    2) La hauteur du mont Blanc   B. 551 000

    3) Le nombre de DROM   C. 13

    4) Le nombre de départements   D. 96

    5) Le nombre de régions   E. 5

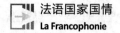
Vocabulaire

géométrique *a.* 几何学的

végétation *n.f.* 植物，草木

culminant, e *a.* 最高的

colline *n.f.* 山丘，山岗

balnéaire *a.* 海水浴的

éparpillé, e *a.* 分散的，散开的

archipel *n.m.* 群岛

1.2　Les Français

Objectifs

L'aperçu général de la population française et de sa croyance religieuse.

L'immigration en France.

L'esprit satirique des Français et des Françaises.

La population

Selon les estimations de l'Institut national de la statistique et des études économiques (INSEE), au 1er janvier 2022, la France abrite une population de plus de 67,8 millions de personnes. Quant à la densité de population, écart remarquable qui varie de 3,6 habitants au km² en Guyane à 20 000 à Paris, en moyenne de 105,8 par km². La France fait partie des pays les plus grands de l'Europe en termes de population.

Ces vingt dernières années, selon les principaux indicateurs démographiques, le taux de natalité baisse et la volonté matrimoniale chute.

Tableau 1-3　La croissance démographique [1]

Pour 1000 habitants			
Année	Taux de nuptialité	Taux de natalité	Taux de mortalité	Taux de variation naturelle
2000	5,0	13,3	8,9	+4,4
2005	4,5	12,8	8,5	+4,3
2010	3,9	12,9	8,5	+4,4
2015	3,6	12,0	8,9	+3,1
2020	2,2	11,0	9,8	+1,2

En 2019, 100 femmes âgées de 25 à 29 ans ont eu en moyenne 10,8 enfants, décroissance lente mais constante par rapport à avant, en contraste avec l'augmentation du taux de fécondité chez les femmes de plus de 30 ans. Meilleures conditions de vie, indépendance économique, liberté de choix personnel, progrès de la procréation médicalement assistée... bénéficiant de tout cela, les femmes françaises ont le droit de choisir un bon moment pour donner naissance à un enfant.

Tableau 1–4　Taux de fécondité par groupe d'âge [2]

Nombre des naissances pour 100 femmes						Âge moyen des mères
	15–24 ans	25–29 ans	30–34 ans	35–39 ans	40–50 ans	
2000	3,3	13,4	11,7	5,0	0,5	29,3
2010	3,3	12,9	13,3	6,4	0,7	29,9
2015	2,7	11,9	12,9	7,0	0,8	30,4
2019	2,3	10,8	12,6	7,0	0,9	30,7
2020	2,2	10,6	12,5	7,0	0,9	30,8

Le vieillissement de la population s'est poursuivi en 2020 : plus d'une personne sur cinq en France (20,4%) a 65 ans ou plus (15,8% en 2000). Loin de concerner uniquement la France, le vieillissement démographique n'est pas prêt de freiner.

Tableau 1–5　Évolution de la structure de la population, France [3]

Répartition par tranche d'âges (en %)						
Année	de 0 à 19 ans	de 0 à 14 ans	de 20 à 59 ans	de 60 à 64 ans	65 ans ou plus	75 ans ou plus
2000	25,8	19,1	53,8	4,6	15,8	7,1
2005	25,3	18,6	54,0	4,4	16,3	8,0
2010	24,8	18,6	52,6	6,0	16,6	8,8
2015	24,6	18,6	50,9	6,1	18,4	9,1
2020	24,1	17,9	49,4	6,1	20,4	9,4

La croyance

En 2018, un sondage publié un an plus tard sur le site Internet *fr.statista. com* interroge deux milliers de personnes âgées de 18 ans et plus, lesquelles répondent à la question suivante : À quelle religion vous sentez–vous liés ? Voici comment se répartissent (grosso modo) les croyances religieuses :

– 48% se disent « liés » au catholicisme

– 34% se déclarent sans religion (athées)

– 7% ne souhaitent pas répondre

– 3% sont proches de l'islam

… …

De ce résultat se voit une grande diversité religieuse sans précédent, et cela même si la France a une forte tradition catholique, à savoir que le christianisme dispose d'un statut suprême, essentiellement Catholique Romaine depuis le Moyen Âge. Cependant, on observe qu'au sein de la population française, sont apparus de plus en plus de gens appartenant à l'islam, au bouddhisme, au judaïsme, à d'autres religions populaires ou n'étant affiliés à aucune religion, malgré le fait que le christianisme reste la religion la plus représentée en France.

L'immigration

Suivant les chiffres délivrés par le ministère de l'intérieur en 2018, quelques nouveaux changements se manifestent dans les dernières évolutions de l'immigration en France. La Chine reste le premier pays demandeur de visa (875 000 visas délivrés).

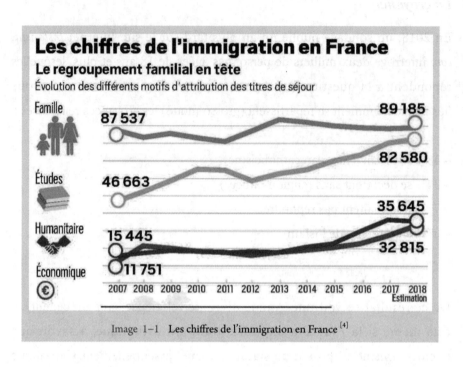

Image 1-1　Les chiffres de l'immigration en France [4]

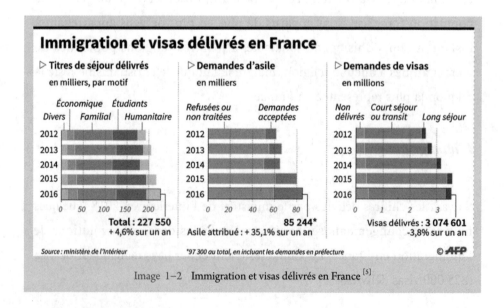

Image 1-2　Immigration et visas délivrés en France [5]

L'esprit satirique

Les Français prennent tout à la blague, voire leur nationalité. Les Français ont le sens de l'humour et aiment bien se moquer. De l'antiquité jusqu'à maintenant en France, l'esprit satirique ne disparaît vraiment jamais dans le monde littéraire ainsi que dans la vie réelle.

La grande tradition satirique vise à l'absurdité des êtres humains et des sociétés, c'est dans cet esprit critique, non–conformiste, rebelle envers l'actualité, que se cache l'humour français bien singulier : rejet de toute idée reçue, de lieux communs ou de stéréotypes, formulant souvent de « féroces critiques sociales et anticléricales », comme dans les pièces les plus renommées de Molière.

Exercices

1. Quelles sont les causes de la répartition géographique de la population française ? Quelles peuvent être les conséquences de cette répartition ?
2. Selon vous, la pandémie de Covid–19 va-t-elle avoir un impact néfaste sur la politique d'immigration de la France ? Pourquoi ?

Vocabulaire

bouddhisme *n.m.* 佛教

catholicisme *n.m.* 天主教

christianisme *n.m.* 基督教

décroissance *n.f.* 逐渐减少

démographique *a.* 人口的

fluctuation *n.f.* 波动

indicateur *n.m.* 指标

immigration *n.f.* 移民

islam *n.m.* 伊斯兰教

judaïsme *n.m.* 犹太教

matrimonial, e *a.* 婚姻的，夫妻的

natalité *n.f.* 出生率

naturalisation *n.f.* 入籍

pandémie *n.f.* 大流行病

procréation *n.f.* 生育

protestantisme *n.m.* 新教

régression *n.f.* 倒退

régularisation *n.f.* 规范化

sanitaire *a.* 公共卫生的

vieillissement *n.m.* 衰老

Références

[1]   https://www.insee.fr/fr/statistiques/5007690?sommaire=5007726#titre-bloc-13

[2]   https://www.insee.fr/fr/statistiques/5012724?sommaire=5007726

[3]   https://www.insee.fr/fr/statistiques/5007690?sommaire=5007726#titre-bloc-13

[4]   https://www.lejdd.fr/Societe/infographies-les-chiffres-de-limmigration-en-france-3921136

[5]   https://www.la-croix.com/France/2016-plus-titres-sejour-avec-arrivee-refugies-2017-01-16-1300817709

Chapitre II
Histoire et politique de la France

Contrat de travail

Après les études du chapitre, vous devez
- Avoir une connaissance globale de l'histoire de France.
- Connaître le régime politique de la France contemporaine.

Avec l'aide de sa position géographique, la France se trouve aussi le point de rencontre entre plusieurs civilisations. De l'Empire gallo–romain à la Ve République, la France compte parmi les pays qui ont les histoires les plus longues et les plus riches. Son histoire est marquée par d'innombrables grands hommes, héros, écrivains, hommes de science et artistes. En quelques sortes, l'histoire de France occupe une place remarquable dans l'évolution de l'humanité.

Tableau 2–1　La chronologie des dynasties françaises

Époque gallo-romain	
1000 avant J.-C.-428 avant J.-C.	l'Époque Gauloise
51 avant J.-C.-486	l'Empire gallo–romain
Moyen Âge	
486-751	La Dynastie Mérovingienne
751-987	La Dynastie Carolingienne
987-1328	La Dynastie Capétienne
1328-1498	La Dynastie de Valois

suite du tableau

Temps Modernes	
1498-1515	La Dynastie de Valois–Orléans
1515-1589	La Dynastie de Valois–Angoulême
1589-1792	La Dynastie Bourbonne
Époque Contemporaine	
1792-1804	La Première République
1804-1814	Le Premier Empire
1814-1830	La Restauration des Bourbons
1830-1848	La Monarchie de Juillet
1848-1851	La Deuxième République
1852-1870	Le Second Empire
1870-1940	La Troisième République
1940-1944	L'État Français
1944-1946	Le Gouvernement Provisoire de la république
1946-1958	La Quatrième République
1959-maintenant	La Cinquième République

2.1　L'histoire française avant la Révolution

Objectifs

L'aperçu général de l'histoire française avant la Révolution.

La connaissance générale des grands personnages historiques.

Les Gaulois

L'actuel territoire français fut occupé, à partir de 1000 avant J.-C. environ, par des Celtes, divisés en petits États. Les Romains les nommèrent « les Gaulois » et donnèrent à la France son premier nom « la Gaule » lorsqu'ils essayèrent de conquérir le pays au IIe siècle avant J.-C.

Des Gaulois aux Gallo-Romains

Entre 58 et 51 avant J.-C., Jules César conquit la Gaule. L'occupation romaine de presque cinq siècles amena à la Gaule la création de villes, de routes et de ponts, le développement de l'agriculture (notamment la culture de la vigne) et du commerce.

Cependant à partir du IIIe siècle, les invasions se succédèrent en Gaule. Les Francs arrivèrent au nord.

La « naissance » de la France

Les Francs conquirent peu à peu toute la Gaule au Ve siècle, sous la direction de Clovis I. Il fonda la dynastie mérovingienne (car le grand-père de Clovis s'appelle Mérovée), qui fut la première dynastie de France. C'est ainsi que la Gaule devient la France. Le mot « France » vient du latin « Francia » qui signifie « pays des Francs ».

Charlemagne est un des rois les plus populaires de l'histoire de France. Car il constitua, dans toute sa vie, un vaste empire et se fit sacrer empereur en 800. Avec son empire, Charlemagne réalisa l'union politique, religieuse et culturelle de l'Europe : l'idéal des Européens d'aujourd'hui.

Après la mort de Charlemagne, ses trois petits-fils signèrent, en 843, *le traité de Verdun* qui divisa l'empire de Charlemagne en trois parties. Charles le Chauve reçut la Francie occidentale (la future France).

La guerre de Cent Ans (1337-1453)

Dans l'histoire de la France, le XIIIe et le XIVe siècle étaient très difficiles: la famine et les épidémies de peste noire avaient fait des ravages dans la population. La guerre de Cent Ans accentua encore ces difficultés.

Cette guerre opposa les rois de France aux rois d'Angleterre pour la possession du royaume de France.

En 1428, Jeanne d'Arc, une jeune bergère, entendit des voix surnaturelles qui lui ordonnèrent de délivrer la France. À seize ans, elle prit la tête d'une armée. Petit à petit, la France réussit à reconquérir ses territoires et gagna la guerre. Jeanne d'Arc est donc l'un des premiers symboles du nationalisme français.

« Le Grand Siècle » et le Roi-Soleil (1643-1715)

Le XVIIe siècle était une époque de grandeur. Sous le règne de Louis XIV, la France domina l'Europe sur le plan militaire mais aussi culturel, littéraire et artistique : c'est l'apogée du classicisme.

Louis XIV, dit « le Roi–Soleil » est le roi qui a régné le plus longtemps dans l'histoire de France, soit 72 ans.

Sous Louis XIV, le roi représente Dieu sur terre et n'a de comptes à rendre à personne. D'après lui, « l'État, c'est moi ! » Il s'installa à Versailles, et y fit venir les nobles, leur donna des titres honorifiques et militaires ainsi que des pensions.

Soutenue par la volonté de dominer l'Europe Occidentale, la politique extérieure de Louis XIV fut marquée par de nombreuses guerres avec la plupart des pays européens.

Le rayonnement culturel était sans doute la plus grande réussite de Louis XIV. L'art consacra à la gloire du roi. Il créa des académies de peinture, de sculpture, de musique et favorisa la prospérité de littérature et de théâtre.

La Révolution française (1789-1792)

La récolte de 1788 est mauvaise et le peuple a faim. Les caisses du royaume sont vides. Les États généraux qui réunissent les trois ordres (noblesse, clergé et Tiers état) se déroulent à Versailles le 5 mai 1789.

Sous la pression, le roi Louis XVI permet aux députés de rédiger une constitution et les États généraux prennent le nom d'Assemblée constituante. Mais le roi a bientôt regretté et veut chasser l'Assemblée. Pour se défendre, le Tiers état veut prendre les armes dans la forteresse royale de Paris : la prison de la Bastille (symbole du royalisme).

Le 14 juillet 1789, la prison de la Bastille est prise. Les bourgeois, les artisans et les paysans se révoltent dans toutes les régions de France contre les seigneurs.

La Révolution Française constitue l'un des moments les plus marquants de l'histoire de France. Elle établit la fin de l'Ancien Régime (la monarchie absolue) et inaugure une nouvelle ère pour les Français.

Le 26 août 1789, *la Déclaration des Droits de l'Homme et du Citoyen* est adoptée. Elle instaure l'égalité des hommes devant la loi, en précisant notamment que : « les hommes naissent libres et égaux en droits et le restent tout au long de leur vie ».

Désormais le peuple, et non plus le roi, est le souverain.

Exercices

1. Quel événement historique a eu lieu aux dates suivantes :

   486 :

   843 :

   987 :

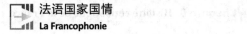
1515 :

1789 :

2. Symboliquement, quel rapprochement peut-on faire entre l'empire de Charlemagne et la construction de l'Union européenne ?

Vocabulaire

innombrable *a.* 无数的，不可胜数的

invasion *a.f.* 侵略，进犯

sacrer *vt.* 给⋯⋯加冕

traité *n.m.* 条约，契约

monarchie *n.f.* 君主政体

ravage *n.m.* 毁坏；蹂躏；灾害

souverain *n.* 君主，统治者

partisan, e *n.* 拥护者

apogée *n.m.* 顶点，顶峰

pension *n.f.* 抚恤金

rayonnement *n.m.* 光芒，光辉

clergé *n.m.* 教士

Tiers état *n.* 第三等级

bourgeoisie *n.f.* 资产阶级

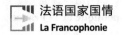

2.2　L'histoire française après la Révolution

Objectifs

L'aperçu général de l'histoire française après la Révolution
Le développement des régimes politiques en France.

A partir de 1789 et de la chute de l'Ancien Régime, la France rentre dans une longue période d'instabilité politique, avec une alternance de révolutions et de tentatives de retour à l'ordre ancien. Les principaux acquis de la Révolution perdurent néanmoins.

En quatre-vingts ans, ce pays a connu sept régimes politiques : trois monarchies constitutionnelles, deux républiques et deux empires.

Napoléon Bonaparte et le Premier Empire (1804-1814)

Le 21 mars 1804, Napoléon Bonaparte unifie le droit français en promulgulant *le Code civil*. Ce code réglemente les relations des citoyens français dans la vie « civile ».

Le 18 mai 1804, Napoléon Bonaparte est proclamé empereur des Français. Le premier Empire commence. Une fois devenu empereur, Napoléon se lance dans une politique impérialiste qui fait de l'Europe un champ de batailles. Entre 1805 et 1813, Napoléon vole de victoire en victoire avec sa « Grande Armée ». Il met en place un nouvel ordre européen et contrôle de plus en plus de territoires et redessine les frontières de l'Europe.

Pourtant, l'occupation française est de plus en plus mal perçue. Un sentiment anti-français se développe en Europe. Napoléon se lance bientôt à la conquête de la Russie, mais cette campagne est une véritable défaite qui conduit à la capitulation de Napoléon.

En 1814, Napoléon abdique à Fontainebleau le 6 avril 1814 et le Premier

Empire finit. Napoléon est ensuite condamné à l'exil sur l'île d'Elbe en Méditerranée.

Le 1er mars 1815, Napoléon s'évade et revient en France. Soutenu par son armée, il reprend le pouvoir pendant ce qu'on appelle « les cent-jours ». Mais après la défaite de Waterloo, le 18 juin 1815, il abdique à nouveau.

La Guerre Franco-Prussienne (1870-1871)

La Guerre Franco-Prussienne oppose la France au royaume de Prusse et à ses alliés allemands. Elle confronte deux personnalités contraires : le chancelier allemand Otto von Bismarck et l'empereur Napoléon III, sous le Seconde Empire.

Commencée le 19 juillet 1870 et terminée le 28 janvier 1871, cette guerre, bien que courte, aura des conséquences dramatiques pour les deux nations et l'ensemble de l'Europe.

La France mobilise 260 000 hommes contre 600 000 du côté de Prusse. Elle connaît des échecs. L'armée et Napoléon III doivent finalement rendre les armes à Sedan le 2 septembre 1870. Puis, Paris est assiégée. Le 10 mai 1871, le gouvernement signe le traité de Francfort : l'Alsace et la Lorraine sont annexées à l'Allemagne. La France doit payer une énorme indemnité de guerre. Les troupes allemandes défilent sur les Champs-Élysées, une grande humiliation pour la France. Et cette défaite donne naissance à la dernière classe d'Alphonse Daudet. Cette guerre est aussi une des causes de la Première Guerre Mondiale.

La IIIe République (1870-1940)

La IIIe République est née en pleine guerre avec la Prusse. Dès la capture de l'empereur Napoléon III, les milieux politiques réclament la déchéance du régime. La foule parisien manifeste avec colère pour la république, proclamée

le 4 septembre 1870 à l'Hôtel de ville. C'est la plus longue période de stabilité institutionnelle de l'histoire de France qui voit la fin en 1940. Pendant la IIIᵉ République, l'économie, les réformes, l'éducation, l'expansion coloniale connaissent un développement fort. En 1880, la première célébration de la fête nationale le 14 juillet a lieu. Le loi Ferry de 1880 fait l'enseignement primaire obligatoire et gratuit. La Tour Eiffel est inaugurée lors de l'exposition universelle de Paris.

La Seconde Guerre Mondiale (1939-1945)

En 1939, la France déclare la guerre contre l'Allemagne qui a envahit la Pologne. la France est coupée en deux : le nord occupé par l'armée allemande. Dans le sud, la zone libre, le Maréchal Pétain dirige et a Vichy pour capitale. En 1942, l'Allemagne, par peur des débarquements alliés en Méditerranée depuis l'Afrique, occupe toute la France.

Dès 1940, le régime de Vichy décide de collaborer avec Hitler pour atténuer les souffrances de l'occupation. Les conditions de vie dans les zones occupées deviennent très difficiles. À Londres, Charles de Gaulle appelle à la Résistance. En 1945, grâce aux débarquements, les alliés libèrent l'ouest de l'Europe. Hitler se suicide et l'Allemagne capitule le 8 mai 1945. Le régime de Vichy est aussi en déroute.

Exercices

1. Listez chronologiquement les régimes de la France après la révolution.
2. Résumez l'hisoire de Napoléon I.

Vocabulaire

régime *n.m.* 政体，社会制度

alternance *n.f.* 交替，更迭，轮换

perdurer *v.i.* 长时间持续

expérimenter *v.t.* 经历

assiégé, e *a.* 被包围的，被围困的

indemnité *n.f.* 赔款

ravager *v.t.* 毁坏，蹂躏

instabilité *n.f.* 不稳定，变化无常

tentative *n.f.* 试图，企图，尝试

promulguer *v.t.* 颁布，发布

abdiquer *v.i.* 认输

proclamer *v.t.* 宣告，公布

armistice *n.m.* 停战，休战

débarquement *n.m.* 登陆

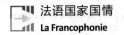

2.3　La France Contemporaine

Objectifs

L'aperçu général de l'histoire de la France après la guerre et le régime politique de la Ve République.

Le développement de l'Union Européenne et le rôle de la France dans l'UE.

La Ve République (1959-maintenant)

La Ve République est le régime politique républicain en vigueur en France depuis janvier 1959. Elle a été mise en place par Charles de Gaulle, qui en est élu premier président. Ce régime est qualifié de semi-présidentiel.

Les pouvoirs de la Ve République

– Président de la République

Le président est élu au suffrage universel direct depuis la réforme constitutionnelle de 1962. Le mandat du président de la République était de sept années de 1873 à 2002 ; depuis cette dernière année, après la tenue d'un référendum, cette durée est de cinq ans. Les pouvoirs du président de la République consistent à nommer aux fonctions du Premier ministre, à organiser un référendum, à promulguer la loi, etc. Il est également le chef des armées et préside le Conseil des ministres. Le siège du président se trouve à l'Elysée.

Tableau 2-2　les présidents de la Ve République

Présidents de la Ve République		
1	Charles De Gaulle	8 janvier 1959 – 28 avril 1969
2	Georges Pompidou	20 juin 1969 – 2 avril 1974 (décédé en cours de mandat)

3	Valéry Giscard d'Estaing	27 mai 1974 – 21 mai 1981
4	François Mitterrand	21 mai 1981 – 17 mai 1995
5	Jacques Chirac	17 mai 1995 – 16 mai 2007
6	Nicolas Sarkozy	16 mai 2007 – 15 mai 2012
7	François Hollande	15 mai 2012 – 14 mai 2017
8	Emmanuel Macron	14 mai 2017–

L'actuel Président Emmanuel Macron, depuis le 14 mai 2017, est le plus jeune président de l'histoire de la République française, âgé de 39 ans au début de son mandat.

– Gouvernement

Le gouvernement est responsable (et peut être renversé) devant le Parlement. En cas de majorité présidentielle au pouvoir, le gouvernement suit habituellement les orientations suggérées par le président de la République mais dans le cas dit de « cohabitation » (c'est–à–dire de présence en majorité à l'Assemblée d'une formation dont les choix politiques sont différents de ceux du président en exercice), le gouvernement définit la politique générale du pays sans tenir compte des orientations du président. Le président reste néanmoins garant du respect de la Constitution.

– Parlement

Le Parlement rassemble des élus qui représentent les citoyens. Il est composé de deux chambres :

le Sénat, élu au suffrage indirect, siège au Palais du Luxembourg, qui comprend 348 sénateurs,

l'Assemblée nationale, élue au suffrage direct, siège au Palais Bourbon, qui compte 577 députés.

Le Parlement délibère puis vote la loi. Le Gouvernement l'exécute.

Principaux partis politiques en France :

– La République en marche ! (LREM)

– Les Républicains (LR)

– Parti socialiste (PS)

– Les verts

... ...

L'Union Européenne et le rôle de la France

Au lendemain de la Seconde Guerre mondiale, l'Europe cherche un moyen de consolider la paix. Le 9 mai 1950, le ministre français des Affaires étrangères Robert Schuman propose de mettre en commun le charbon et l'acier de la France et de l'Allemagne, pour « rendre la guerre non seulement impensable, mais matériellement impossible ». Cette déclaration est considérée comme l'acte de naissance de l'Union européenne. En 1951, la Communauté européenne du charbon et de l'acier (CECA), est créée par six pays : la France, l'Allemagne de l'Ouest (RFA), l'Italie, la Belgique, les Pays–Bas et le Luxembourg.

Par la suite, deux nouvelles « communautés » sont créées : la Communauté économique européenne (CEE) et la Communauté européenne de l'énergie atomique (CEEA ou Euratom). En 1992, le traité de Maastricht crée l'Union européenne et pose les bases d'une monnaie unique. L'euro entre en circulation dès 1999 sur les marchés financiers et le 1er janvier 2002 pour les consommateurs.

Actuellement, avec le départ du Royaume–Uni, l'UE regroupe 27 pays au total.

– La France dans l'Union Européenne

La France, comme ses partenaires européens, agit sur tous les fronts pour faire entendre sa voix et défendre ses intérêts au sein de l'Union européenne.

La France compte 79 députés au Parlement européen. C'est le deuxième pays contributeur au budget de l'Union, derrière l'Allemagne.

Exercices

1. Présentez brièvement la Ve République.
2. Parlez–vous de la relation entre la France et l'UE.

Vocabulaire

en vigueur 现行的

qualifier *v.* 把…看作

constitutionnel, le *a.* 宪法的，立宪的

promulguer *v.t.* 颁布，发布，公布

conseil 理事会

mandat *n.m.* 任期

citoyen *n.m.* 公民

délibérer *v.t.* 商议，审议

consolider *v.t.* 加强，巩固

charbon *n.m.* 煤炭

impensable *a.* 难以置信的

le traité de Maastricht 马斯特里赫特条约

suffrage *n.m.* 选举投票

référendum *n.m.* 全民公投

nommer *v.* 任命

siège *n.m.* 所在地

constitution *n.f.* 宪法

député *n.m.* 众议员

excécuter *v.* 执行

acier *n.m.* 钢铁

communauté *n.f.* 共同体

énergie atomique 原子能

contributeur *n.m.* 捐助者

Chapitre III
Économie de la France

En 2021, la France est la 7e puissance économique mondiale, derrière les États-Unis, la Chine, le Japon, l'Allemagne et l'Inde. Selon la banque mondiale et le FMI (Fonds monétaire international), la France est la 3e puissance économique en Europe derrière l'Allemagne.

3.1   L'économie en chiffres

Objectifs

L'aperçu général de la situation économique de la France d'aujourd'hui.
Des concepts et des indicateurs macroéconomiques fondamentaux.

PIB (Produit intérieur brut)

Le PIB (Produit Intérieur Brut) est l'un des principaux indicateurs de la richesse créée dans un pays sur une période donnée. C'est la somme des valeurs ajoutées de toutes les entreprises (nationales ou internationales) situées sur le territoire. En 2021, selon le FMI (Fond Monétaire International) La France occupe la septième place du classement mondial de PIB.

Selon l'INSEE (Institut national de la statistique et des études économiques), en 2020, à cause de la pandémie de la Covid-19, l'économie française s'est contractée de 8,3%. Il s'agit d' une récession jamais anticipée depuis la Seconde Guerre mondiale.

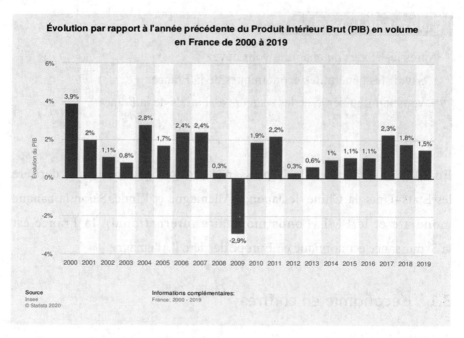

Image 3-1　Évolution par rapport à l'année précédente du PIB en France de 2000–2019 [1]

Consommation des ménages

La consommation des ménages comprend tous les biens et les services dont les ménages ont besoin comme l'alimentation, l'électricité, les loisirs, les voyages...

Avant le XIXe siècle, la consommation et le niveau de vie étaient très bas pour la grande majorité de la population qui devait chercher à satisfaire un « minimum vital ». Depuis deux siècles, le niveau de la consommation a été amélioré, malgré les périodes de guerre et de crises économiques.

variations en %, données CVS-CJO

	2019 T4	2020 T1	2020 T2	2020 T3	2019	2020 (acquis)
PIB	-0,2	-5,9	-13,7	18,2	1,5	-8,3

Image 3–2　Variations trimestrielles et annuelles du PIB en France en 2019 et 2020 [2]

Tableau 3–1　Consommation effective des ménages par fonction en 2019 [3]

Type de dépense	Valeur (en milliards d'euros)	Poids dans la consommation effective totale (en %)
Dépense de consommation des ménages	1 253,2	75,1
Alimentation et boissons non alcoolisées	165,6	9,9
Boissons alcoolisées et tabac	48,2	2,9
Articles d'habillement et chaussures	44,9	2,7
Logement, chauffage, éclairage	332,1	19,9
Équipement du logement	57,9	3,5
Santé (1)	50,5	3,0
Transport	178,8	10,7
Communications	29,2	1,8
Loisirs et culture	100,3	6,0
Éducation	6,2	0,4
Hôtels, cafés et restaurants	96,9	5,8
Autres biens et services	156,8	9,4
Correction territoriale (tourisme)	−14,0	−0,8
Dépense de consommation des ISBLSM (2)	50,0	3,0
Dépense de consommation des APU (3)	365,0	21,9
dont :		
santé	169,2	10,1

suite du tableau

Type de dépense	Valeur (en milliards d'euros)	Poids dans la consommation effective totale (en %)
éducation	102,2	6,1
action sociale	55,4	3,3
logement	14,7	0,9
Total	1 668,2	100,0

(1): après remboursement de la Sécurité sociale mais avant remboursement des organismes complémentaires.
(2): dépense de consommation des institutions sans but lucratif au service des ménages.
(3): dépense de consommation des administrations publiques en biens et services individualisables.
Champ : France.
Source : Insee, comptes nationaux – base 2014.

Or, avec les mesures de confinement pour lutter contre la coronavirus qui entraînent une perte d'activités économiques d'environ 35% en France, la consommation des ménages est également inférieure d'un tiers à sa normale, évalue l'INSEE.

Commerce extérieur

L'économie française est une économie ouverte, qui joue un rôle important dans les échanges commerciaux internationaux, principalement au sein de l'Union européenne.

En 2020, les exportations françaises se contractent (baisse de 15,9%, après 3,5% de croissance en 2019), dans le contexte de la crise sanitaire Covid–19. Les importations diminuent également, mais de façon légèrement moins marquée (baisse de 13,0%, après 2,2% de croissance en 2019). Le déficit

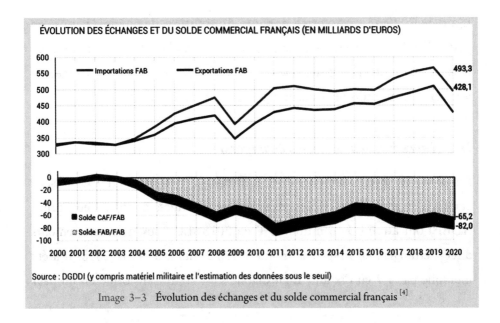

Image 3-3   Évolution des échanges et du solde commercial français [4]

commercial FAB/FAB s'établit à 65,2 milliards d'euros, après 57,9 milliards en 2019. C'est le déficit le plus élevé depuis 2012.

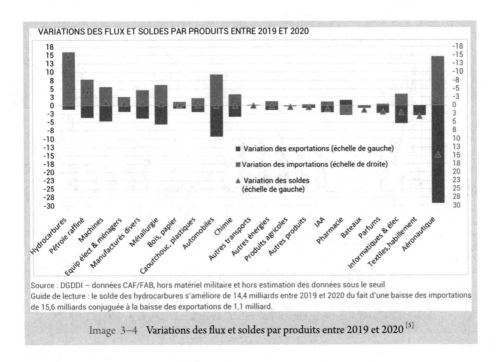

Image 3-4   Variations des flux et soldes par produits entre 2019 et 2020 [5]

L'année 2020 se caractérise par une diminution des exportations, en particulier dans les secteurs aéronautique et automobile. Les importations de masques de protection pèsent nettement (5,9 milliards). Seuls les achats et les ventes de produits pharmaceutiques restent dynamiques.

IDE (Investissements directs étrangers)

En 2018, les investissements directs français à l'étranger (IDFE) se sont établis à 86,8 milliards € , les investissements directs étrangers en France (IDEF) ont atteint 31,6 milliards € en 2018. Le stock d'investissements directs étrangers en France se monte à 720,5 milliards € fin 2018. Il a été multiplié par 1,7 en dix ans. L'Hexagone s'est enfin transformé en un pays

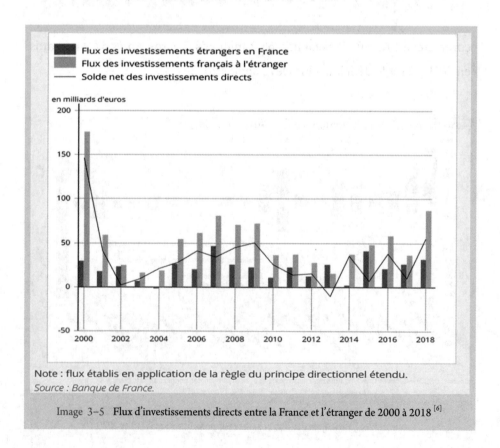

Note : flux établis en application de la règle du principe directionnel étendu.
Source : Banque de France.

Image 3-5　Flux d'investissements directs entre la France et l'étranger de 2000 à 2018 [6]

« business friendly » pour les investisseurs.

Néanmoins, avec les effets de la pandémie, les IDE ont chuté de 42% en 2020. Parmi les 27 membres de l'Union européenne (UE), 17 ont vu leurs IDE diminuer, dont l'Allemagne, l'Italie, l'Autriche et la France.

Chômage

Le taux de chômage se définit par le rapport entre le nombre de chômeurs et la population active. Celui des jeunes est nettement supérieur à celui du reste de la population. En 2020, ce taux a atteint 19,1% au deuxième trimestre chez les moins de 25 ans, ce qui l'a situé parmi les plus élevés en Europe (17,1% dans l'Union européenne).

Au quatrième trimestre 2020, le nombre de chômeurs au sens du BIT (Bureau international du Travail) a atteint 2,4 millions de personnes en

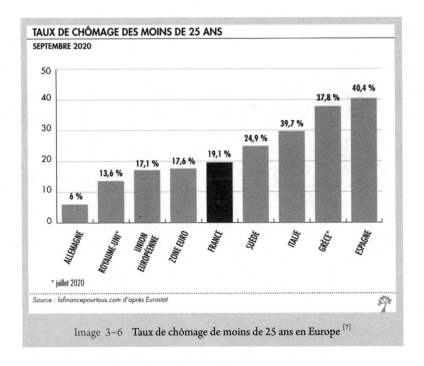

Image 3–6 Taux de chômage de moins de 25 ans en Europe [7]

France (hors Mayotte). Il est quasi stable (–0,1 point) par rapport à son niveau d'avant–crise sanitaire au quatrième trimestre 2019.

Exercices

1. Quelle est la différence entre IDFE et IDEF ?
2. Citez un indicateur de l'économie et expliquez–le.

Vocabulaire

FMI 国际货币基金组织

PIB 国内生产总值

pandémie *n.f.* 大流行病

biens *n.m.pl.* 货物

confinement *n.m.* 禁闭，封锁

aéronautique *n.f.* 航空业

IDE 对外投资

population active 就业人口

puissance *n.f.* 权势，力量；国家

valeur ajoutée 增值

se contracter *v.pr.* 收缩

vital, e *a.* 生活必需的

déficit *n.m.* 赤字，逆差

FAB 离岸价格

pharmaceutique *a.* 制药的

BIT 国际劳工总署

Références

[1] https://fr.statista.com/graphique/1/479446/evolution–annuelle–du–pib–en–volume–france.jpg

[2] https://www.insee.fr/fr/statistiques/4925348#graphique–cnt–g2–fr

[3] https://www.insee.fr/fr/statistiques/2830276

[4] http://lekiosque.finances.gouv.fr/

[5] http://lekiosque.finances.gouv.fr/

[6] https://www.insee.fr/fr/statistiques/4277826?sommaire=4318291

[7] https://www.lafinancepourtous.com/decryptages/politiques–economiques/economie–francaise/chomage–en–france–les–chiffres/

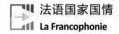

3.2 Secteurs-clés de l'économie française et principaux acteurs économiques de la société

Objectifs

L'aperçu de différents secteurs en France.
FMI, PME et start-up.

Si au XIXe siècle, l'économie agricole absorbait jusqu'à 40% de la population active, elle cède aujourd'hui la supériorité à l'industrie et à l'économie de services. La part du secteur agricole est en nette diminution dans plusieurs régions du globe, notamment dans les pays à haut revenu.

L'économie française est principalement une économie de services : selon l'enquête Emploi en 2017, le secteur tertiaire occupait 75,9% de la population active, tandis que le secteur primaire n'en représentait plus que 2,6%, et le secteur secondaire 20,3%.

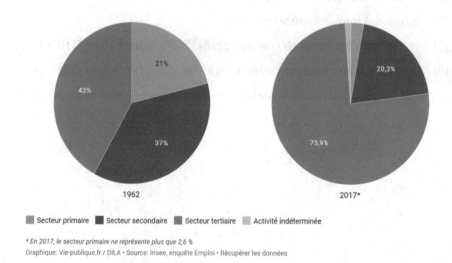

Image 3-7 Évolution des grands secteurs d'activité de l'économie française [1]

Les entreprises françaises, petites ou grandes, sont des acteurs dans ces secteurs. Plus précisément, on les classifie en fonction du nombre des salariés:
- Micro–entreprises : moins de 10 salariés
- Très petites entreprises : moins de 20 salariés
- Peties et moyennes entreprises (PME) : 20 à 249 salariés
- Entreprises de taille intermédiaire (ETI) : entre 250 et 4 999 salariés
- Grandes entreprises (GE) : plus de 5 000 salariés

Ces classifications peuvent varier selon les pays.

FMN (Firmes multinationales)

Une firme multinationale est une grande entreprise qui possède une ou plusieurs filiales à l'étranger. Face à une demande mondiale forte, les firmes françaises émergent sur les cinq continents. En 2020, 31 firmes françaises se sont classées sur la liste Fortune Global 500, dans les secteurs de l'agroalimentaire, de l'aéronautique, de l'énergie, de la chimie et de la pharmacie, mais aussi dans ceux du luxe, de l'automobile, de la distribution, de la construction et des nouvelles technologies de l'information.

Tableau 3–2   Partie des entreprises françaises de la liste Fortune Top 500 en 2020 [2]

Rang	Nom	Revenus (Millions en $)	Profits (Millions en $)
25	Total	176 249	11 267
34	AXA	148 984,4	4 317
67	Crédit agricole	104 971,8	5 421,7
98	Carrefour	85 905,2	1 263,6
99	BNP Paribas	85 058	9 147,7
101	Peugeot	8 3643,2	3 582,7
110	Electricité de France	80 277,6	5 769,8

suite du tableau

Rang	Nom	Revenus (Millions en $)	Profits (Millions en $)
159	Engie	67 220,4	1 101,3
175	Renault	62 160,2	−157,8
180	Christian Dior	60 070,5	3 288,4
192	Société générale	56 851,1	3 635,3
195	Vinci	54 787,6	3 648,8
196	Auchan Holding	54 672,4	−1 637,5
199	CNP Assurances	54 365,4	1 580,1
242	Groupe BPCE	47 910,9	3 391,3
244	Saint–Gobain	47 650,1	1 573,7
249	Orange	47 275,2	3 364,5
262	Finatis	45 044,5	−615,6
286	Bouygues	42 543	1 325,2
289	Sanofi	42 118,8	3 140,6
318	SNCF Group	39 308,3	−896,5
375	L'Oréal	33 436,2	4 197,2
411	Air France–KLM Group	30 431,5	324,6
412	Véolia Environnement	30 431,2	699,4
413	Schneider Electric	30 396,8	2 700,8
415	CMA CGM	30 254,2	−229,1
433	La Poste	29 081,7	920
451	Safran	28 423,5	2 738,8
453	Danone	28 302,7	2 159
458	Financière de l'Odet	27 805,5	136,4
472	Michelin	27 013,3	1 959,8

Total C'est un producteur et distributeur de carburant, de gaz naturel et d'électricité. Créé en 1924 dans la grande aventure du pétrole et du gaz, avec un esprit pionnier, le groupe Total a mis au jour une gamme de produits et de services très étendue. Il est présent sur toute la chaîne de valeur de l'énergie, du puits d'exploration jusqu'au client final. Présents aujourd'hui dans 130 pays, avec ses 100 000 collaborateurs, il vise à devenir la major de l'énergie responsable en fournissant une énergie meilleure, plus sûre, plus abordable, plus propre et accessible au plus grand nombre.

Dans un contexte de crise sanitaire et économique mondiale, avec une baisse de la demande en produits pétroliers de 9%, Total résiste bien.

Peugeot L'entreprise familiale Peugeot a été fondée en 1810. En 1976, les marques automobiles Peugeot et Citroën ont fusionné pour donner naissance au groupe PSA Peugeot Citroën.

Le groupe PSA Peugeot Citroën est présent dans 160 pays et possède 16 sites de production. Il emploie plus de 202 000 personnes dans le monde.

L'Oréal La société, fondée par un chercheur en 1909, est devenue le groupe international numéro un dans l'industrie cosmétiques. Présent dans 150 pays, avec 88 000 collaborateurs, L'Oréal possède 36 marques de beauté de différentes gammes (Yves Saint Laurent, Lancôme, Giorgio Armani, Biotherm, Garnier, NYX, Kérastase, la Roche–posay, Vichy etc) . Le groupe a réalisé un chiffre d'affaires de 29,9 milliards d'euros en 2019.

PME

Le rôle économique des PME en France est considérable. Elles sont le cœur de l'économie française. En 2018, la France compte 3,9 millions de petites et moyennes entreprises marchandes non agricoles et non financières. Parmi celles-ci, 3,8 millions sont des microentreprises, qui emploient 2,4 millions de salariés et réalisent 20% de la valeur ajoutée. 148 000 PME emploient 3,9 millions de salariés et réalisent 23% de la valeur ajoutée. Au total, les PME emploient ainsi 6,3 millions de salariés et réalisent 43% de la valeur ajoutée.

	Microentreprises	Part des microentreprises dans l'ensemble des entreprises (en %)	PME hors microentreprises	Part des PME hors microentreprises dans l'ensemble des entreprises (en %)
Secteurs marchands non agricoles et non financiers				
Nombre d'entreprises	3 779 880	96,1	148 078	3,8
Nombre d'unités légales en France	3 831 207	91,4	276 442	6,6
Effectifs salariés en équivalent temps plein (ETP, en milliers)	2 421	18,6	3 849	29,5
Valeur ajoutée hors taxes (en milliards d'euros)	236	19,8	276	23,1
Secteurs principalement marchands non agricoles et non financiers				
Nombre d'entreprises	2 135 424	93,6	139 286	6,1
Nombre d'unités légales en France	2 182 616	86,6	261 974	10,4
Effectifs salariés en ETP (en milliers)	2 248	18,4	3 584	29,3
Chiffre d'affaires (en milliards d'euros)	495	12,9	858	22,3
Chiffre d'affaires à l'export (en milliards d'euros)	19	2,5	87	11,4
Valeur ajoutée hors taxes (en milliards d'euros)	180	16,5	258	23,6
Immobilisations corporelles (en milliards d'euros)	252	9,6	398	15,2
Investissements corporels bruts hors apports (en milliards d'euros)	33	15,9	38	17,9
Total de bilan (en milliards d'euros)	601	8,4	1 035	14,4

Champ : France, entreprises des secteurs marchands non agricoles et non financiers et entreprises des secteurs principalement marchands non agricoles et non financiers, hors régime fiscal de la micro-entreprise et micro-entrepreneurs.   Source : Insee, Ésane 2018 (données individuelles).

Image 3-8   Principales caractéristiques des PME en 2018 [3]

Start-up

Les start-ups sont des jeunes entreprises innovantes, notamment dans le secteur des nouvelles technologies.

Selon les spécialistes du secteur, une start-up se distingue par trois grandes caractéristiques :

– une perspective de forte croissance ;

– l'usage ou la création d'une technologie nouvelle ;

– un besoin de financement assuré par des levées de fonds, puisque 25% des start-ups ont des fonds de capital-risque dans leur capital.

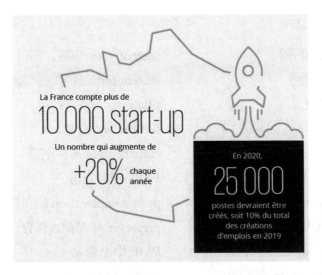

Image 3-9 Nombre des start-ups en France [4]

Exercices

1. Expliquez le rôle des PME dans l'économie de France.

2. Trouvez les caractéristiques des start-ups.

Vocabulaire

gestion *n.f.* 管理

absorber *v.* 吸收

varier *v.* 变化

firme *n.f.* 公司

exploitation *n.f.* 开采，经营

fusionner *v.* 合并

cosmétique *n.&a.* 化妆品（的）

priorité *n.f.* 优先

perspective *n.f.* 展望，前景

capital-risque *n.m.* 风险资本

innovant, e *a.* 创新的

secteur *n.m.* 领域，部门

secteur tertiaire 第三产业

filiale *n.f.* 子公司

fortune *n.f.* 财富

classification *n.f.* 分类

FMN 跨国公司

puits d'exploration 勘探井

préserver *v.* 保护，保存

PME 中小企业

chiffre d'affaires 营业额

Références

[1] https://www.vie-publique.fr/fiches/269995-les-grands-secteurs-de-production-primaire-secondaire-et-tertiaire

[2] http://www.fortunechina.com/fortune500/c/2020-08/10/content_372148.htm

[3] https://www.insee.fr/fr/statistiques/4986683?sommaire=4987235

[4] https://www.kpmg-pulse.fr/wp-content/themes/twentynineteen-child%20-theme/assets/secteur/Startup-infographie-chiffres-cles-2020.jpg

3.3   Relation économique extérieure

Objectifs

La place de la France dans le domaine économique mondial.

Le commerce extérieur de la France.

La France et ses principaux partenaires économiques.

Selon la banque mondiale et le FMI, la France est la 6ᵉ puissance économique mondiale en 2020. Elle occupe aussi une place très importante dans le domaine économique international, ses 10 premiers principaux partenaires à l'exportation et à l'importation en 2019 sont l'Allemagne, les

Principaux partenaires de la France à l'exportation et à l'importation en 2019

en milliards d'euros

Pays	Exportations (1)	Importations (2)
Allemagne	69,8	84,9
États-Unis	42,1	38,1
Italie	37,5	43,3
Espagne	37,2	37,0
Belgique	34,2	38,1
Royaume-Uni	33,6	21,1
Chine (3)	20,9	52,5
Suisse	17,8	14,5
Pays-Bas	17,5	25,3
Pologne	10,2	11,8

(1) : biens Fab.
(2) : biens Caf.
(3) : non compris Hong Kong.
Champ : échanges de biens, hors commerce intracommunautaire inférieur à 460 000 euros et hors matériel militaire, y compris estimation des données "tardives" (retards).
Source : DGDDI, diffusion des résultats de mars 2020.

Image 3–10   10 premiers partenaires économiques de la France [1]

États–Unis, l'Italie, l'Espagne, la Belgique, le Royaume–Uni, la Chine, la Suisse, les Pays–Bas et la Pologne.

Le commerce extérieur en Europe

Parmi les dix principaux partenaires commerciaux de la France, huit pays se situent en Europe. Cette situation peut s'expliquer par différents facteurs comme l'union douanière par l'Union européenne, l'union monétaire au sein de la zone euro et les membres de l'Accord européen de libre–échange (AELE) comme la Suisse.

En Europe, l'Allemagne et la France représentent plus d'un tiers du PIB de l'Union européenne (UE) et la moitié de celui de la zone euro. L'Allemagne demeure de loin, le partenaire commercial le plus important de la France (14,5% des échanges français totaux en 2019) alors que la France a cédé le titre de premier partenaire commercial de l'Allemagne, qu'elle a occupé jusqu'en 2014 sans interruption, à la Chine en 2016. À partir de l'année 2017, la France demeure le 4e partenaire de l'Allemagne (7,1% des échanges allemands totaux en 2019) derrière la Chine (8,5%), les Pays–Bas (7,8%) et les États–Unis (7,8%).

95% des échanges de la France avec l'Allemagne sont des produits manufacturiers. Il s'agit principalement d'aéronefs et engins spatiaux (13% en 2019), de produits chimiques, parfums et cosmétiques (11%), de machines industrielles et agricoles, machines diverses (11%)

La relation économique entre la France et les États-Unis

Les États–Unis restent le 2e client et sont le 4e fournisseur de la France en 2019, avec un volume d'échanges de 80,2 milliards € qui représente 7,6% des échanges totaux de la France avec le monde. Hors Union européenne, ils sont le 1er client de la France et le 2e fournisseur après la Chine.

Quant à la France, elle est la 4ᵉ destination des exportations américaines de biens et le 3ᵉ partenaire commercial des États–Unis en Europe et le 8ᵉ du monde entier.

Les matériels de transports (12,9 milliards €), les équipements mécaniques, matériel électrique, électronique et informatique (6,9 milliards €), les produits des industries agroalimentaires (5 milliards €), les produits pharmaceutiques (4,6 milliards €) ainsi que les produits chimiques, parfums et cosmétiques (4,1 milliards €) sont les secteurs les plus grands des exportations françaises vers les États–Unis.

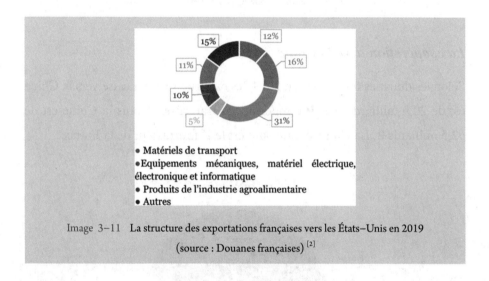

Image 3–11   La structure des exportations françaises vers les États–Unis en 2019

(source : Douanes françaises) [2]

Il faut noter que 70,2% des importations françaises depuis les États–Unis en 2019 sont des matériels de transports (11,5 milliards €), des équipements mécaniques et matériels électrique, électronique et informatique (8,5 milliards €), des produits pharmaceutiques (4,1 milliards €) et des produits chimiques, parfums et cosmétiques (3,3 milliards €).

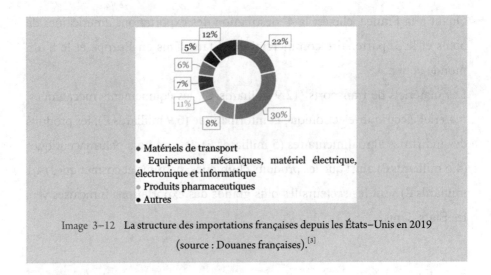

Image 3-12　La structure des importations françaises depuis les États–Unis en 2019
(source : Douanes françaises).[3]

La coopération avec la Chine

Selon les douanes françaises, en 2019, les exportations française vers la Chine est de 20,9 milliards € et les importations françaises depuis la Chine est de 52,5 milliards €. La Chine maintenant est le 2ᵉ fournisseur de la France.

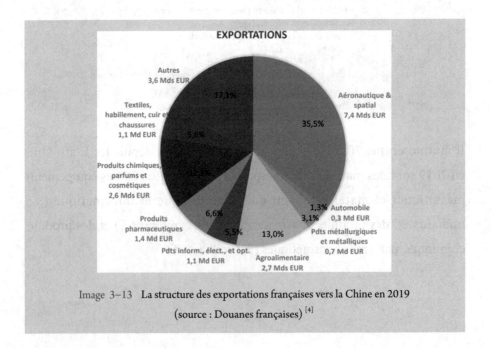

Image 3-13　La structure des exportations françaises vers la Chine en 2019
(source : Douanes françaises) [4]

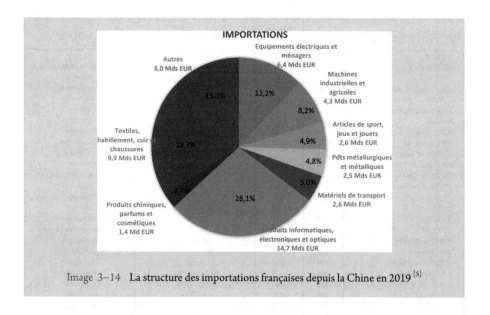

Image 3–14 La structure des importations françaises depuis la Chine en 2019 [s]

La présence française en Chine est ancienne ; les entreprises françaises s'y sont très tôt impliquées dans des projets emblématiques (construction de la centrale nucléaire de Daya Bay par EDF initiée en 1994). Aujourd'hui, près de 2 100 entreprises françaises, essentiellement de grands groupes, sont présents en Chine, et emploient plus de 480 000 personnes.

Les investissements chinois en France sont diversifiés, principalement dans les secteurs de l'énergie (6,7 milliards $, la plupart en 2008 et 2011), du tourisme (4,8 milliards $) et des technologies (3,4 milliards $).

En 2019, le président chinois Xi Jinping a effectué une visite en France. Plusieurs accords ont été signés entre la France et la Chine à l'occasion de cette visite, qui représente une quarantaine de milliards d'euros, dont une commande importante de 300 Airbus.

Le 30 décembre 2020, la Commission européenne a annoncé la conclusion d'un accord de principe sur l'accord global d'investissements (AGI) entre l'Union Européenne (UE) et la Chine, qui peut garantir un meilleur

Année	Investisseur chinois	MUSD	Prise de participation	Partenaire français	Secteur
2011	CIC	3 240	30%	GDF Suez	Energie
2019	Tencent	2 930	9%	Universal Music	Divertissement
2008	SAFE	2 800	2%	Total	Energie
2018	Tsinghua Holdings	2 570	100%	Linxens	Technologie
2014	Jin Jiang Hotels	1 490	100%	Louvre Group	Tourisme
2016	Shandong Ruyi	1 480	70%	SMCP	Textile
2015	CIC	1 150	100%	CBRE Global Investors	Immobilier
2015	Fosun	1 130	100%	Club Med	Tourisme
2014	Dongfeng	1 100	14%	Pugeot	Automobile
2019	China Merchants	870		CMA CGM	Logistique
2017	Sanyuan Foods, Fosun	730		Montagu	Agriculture
2007	ChemChina	700		Rhodia	Produits chimiques
2018	Huazhu Hotels	560	5%	Accor	Tourisme
2013	China Merchants	530	49%	CMA CGM	Transport
2011	CNPC	510	50%	INEOS France	Energie
2012	CIC	490	7%	Eutelsat	Télécommunications
2018	CITIC	490	100%	Axilone	Biens de consommations
2006	ChemChina	480	100%	Adisseo	Agriculture
2018	Tencent	460	5%		Divertissement
2016	Jin Jiang Hotels	450	6%	Accor	Tourisme
2017	China Eastern	440	10%	Air France-KLM	Aéronautique
2015	Jin Jiang Hotels	430	4%	Accor Hotels	Tourisme
2013	Fosun	360	46%	Club Med	Tourisme
2018	Yu Kuo	320	100%		Agriculture
2014	Huaxin Post and Telecom	310	85%	Alcatel-Lucent	Télécommunications
2016	Jin Jiang Hotels	280	3%	Accor	Tourisme
2019	Geely Auto	280	50%		Automobile
2020	Huawei	220			Télécommunications
2014	Shandong Gaosu	190	25%	Friedmann Pacific Asset Managemen	Aéronautique
2018	Shanghai MicroPort Scientific	190	100%	LivaNova	Santé
2017	Fortune Fountain Capital	180	89%	Baccarat	Autres
2020	Guangdong Wencan	170	62%	Le Belier	Aluminum
2018	Zhejiang Semir	130		Sofiaza	Textile
2012	Synutra	120		Sodiaal	Agriculture
2018	Fosun	120		Lanvin	Textile
2015	Jin Jiang Hotels	110	2%	Accor	Tourisme
2016	IDG Capital	110	20%	Olympique Lyonnais	Divertissement
2016	China General Nuclear	110		Eolfi	Energie

-> investissement greenfield

Image 3–15　Liste des investissements chinois en France entre 2006 et 2019
(Transactions supérieures à 100 MUSD recensées par l'American Enterprise Institute) [6]

équilibre dans les relations commerciales entre la Chine et les membres de l'UE et qui peut renforcer la coopération sino–française dans le futur.

Les échanges entre la France et les pays africains

La présence française en Afrique est ancienne et dynamique. Les plus gros clients de la France en Afrique sont l'Algérie, le Maroc, la Tunisie, l'Égypte, la Côte d'Ivoire et le Sénégal.

Les fournisseurs les plus importants de la France en Afrique sont le Maroc, la Tunisie, l'Algérie, le Nigéria et la Libye.

Les chiffres du commerce entre la France et les pays africains (2019)

	↗	↓	↻		↗	↓	↻
AFRIQUE	29 451,9	26 053,0	3 398,9	MADAGASCAR	378,0	562,3	-184,3
AFRIQUE DU SUD	5 270,7	1 366,7	3 904,0	MALAWI	8,5	3,0	5,5
ALGÉRIE	4 924,8	4 195,1	729,7	MALI	334,3	9,6	324,7
ANGOLA	256,0	455,2	-199,2	MAROC	4 766,3	5 582,9	-816,6
BÉNIN	162,8	2,1	160,7	MAURICE	554,8	259,8	295,0
BOTSWANA	106,3	35,4	70,9	MAURITANIE	200,1	91,2	108,9
BURKINA FASO	264,3	22,7	241,6	MOZAMBIQUE	30,9	86,4	-55,5
BURUNDI	7,6	3,3	4,3	NAMIBIE	9,0	52,0	-43,0
CAMEROUN	519,7	225,6	294,1	NIGER	127,2	51,3	75,9
CAP VERT	28,4	0,3	28,1	NIGÉRIA	587,1	3 891,7	-3 304,6
COMORES	35,6	13,8	21,8	OUGANDA	26,5	11,8	14,7
CONGO	287,3	25,2	262,1	RD CONGO	132,5	72,7	59,8
CÔTE D'IVOIRE	1 102,0	940,2	161,8	RÉPUBLIQUE CENTRAFRICAINE	34,1	5,2	28,9
DJIBOUTI	72,3	1,5	70,8	RWANDA	20,9	4,4	16,5
EGYPTE	2 300,1	727,6	1 572,5	SAO TOMÉ-ET-PRINCIPE	2,4	2,4	0,0
ÉRYTHRÉE	3,1	0,0	3,1	SÉNÉGAL	1 072,0	79,6	992,4
ESWATINI	2,6	8,7	-6,1	SEYCHELLES	56,2	102,4	-46,2
ÉTHIOPIE	700,6	39,1	661,5	SIERRA LEONE	14,0	11,1	2,9
GABON	457,2	140,8	316,4	SOMALIE	8,8	5,6	3,2
GAMBIE	17,6	1,0	16,6	SOUDAN	76,6	47,1	29,5
GHANA	233,3	431,3	-198,0	SOUDAN DU SUD	3,5	0,2	3,3
GUINÉE	148,4	46,7	101,7	TANZANIE	62,2	33,5	28,7
GUINÉE ÉQUATORIALE	33,1	3,4	29,7	TCHAD	85,9	73,1	12,8
GUINÉE-BISSAU	5,3	0,3	5,0	TOGO	168,7	112,0	56,7
KENYA	173,0	110,4	62,6	TUNISIE	3 342,6	4 499,1	-1 156,5
LESOTHO	0,6	31,1	-30,5	ZAMBIE	23,4	7,6	15,8
LIBÉRIA	5,4	82,4	-77,0	ZIMBABWE	19,7	54,1	-34,4
LIBYE	187,6	1 431,0	-1 243,4				

↗ EXPORTATIONS FRANÇAISES (M€)   ↓ IMPORTATIONS DE LA FRANCE (M€)   ↻ SOLDE DES ÉCHANGES (M€)

Source : Direction générale des Douanes et Droits indirects (France)

Image 3–16　Les chiffres du commerce entre la France et les pays africains en 2019 [7]

Exercices

1. Connaissez–vous les entreprises françaises en Chine ? Présentez–les.

2. Faites une comparaison entre les produits d'exportations françaises en Chine et les produits d'importations françaises depuis la Chine.

Vocabulaire

douanier, ère *a.* 海关的

aéronef *n.m.* 飞行器

mécanique *a.* 机械的

agroalimentaire *a.* 农产食品加工的

emblématique *a.* 作为标志性的

manufacturier *a.* 制造业的

engin *n.m.* 器械

pharmaceutique *a.* 药剂的

cosmétique *a.* 化妆品的

garantir *v.* 保证

Références

[1] https://www.insee.fr/fr/statistiques/2381428#graphique-figure1

[2] https://www.tresor.economie.gouv.fr/PagesInternationales/Pages/cd98f48d-db35-447d-8db3-a863f8175d0f/files/de2f5fad-fbf4-430f-8025-85e0e4c0a2fe

[3] https://www.tresor.economie.gouv.fr/PagesInternationales/Pages/cd98f48d-db35-447d-8db3-a863f8175d0f/files/de2f5fad-fbf4-430f-8025-85e0e4c0a2fe

[4] https://www.tresor.economie.gouv.fr/PagesInternationales/Pages/6a1cae19-c847-47bd-913e-957c02fcfc98/files/e1932d4d-c039-4322-a206-90c4ca1b9500

[5] https://www.tresor.economie.gouv.fr/PagesInternationales/Pages/6a1cae19-c847-47bd-913e-957c02fcfc98/files/e1932d4d-c039-4322-a206-90c4ca1b9500

[6] https://www.tresor.economie.gouv.fr/PagesInternationales/Pages/08475541-476e-4b85-b1de-7cf49ddd0be3/files/d96d0435-ae69-45c6-b3b1-8caa5889df1d

[7] https://www.agenceecofin.com/multimedia/1311-82426-les-chiffres-du-commerce-entre-la-france-et-les-pays-africains-2019-infographie

Chapitre IV
Portraits divers de la France

Contrat de travail

Après les études du chapitre, vous devez
- Savoir les portraits divers de la France.
- Vous familiariser avec le système scolaire, du tourisme et de l'écologie de la France.

4.1 Système scolaire et les accueils des étudiants étrangers

Objectifs

L'aperçu général du système scolaire français.

Les accueils des étudiants étrangers en France.

Pour le système scolaire de la France, ses principes ont été instaurés après la Révolution Française : c'est en 1881–1882 que l'école en France est devenue obligatoire, gratuite et laïque conformément aux lois de Jules Ferry.

L'éducation est obligatoire de 6 à 16 ans en France, même si la plupart des enfants commencent déjà leurs cours dans une école maternelle dès l'âge de 3 ans. Globalement, le système scolaire en France se constitue de trois parties: l'enseignement primaire (école maternelle + école élémentaire), l'enseignement secondaire (collège + lycée), l'enseignement supérieur (université / grande école / autres).

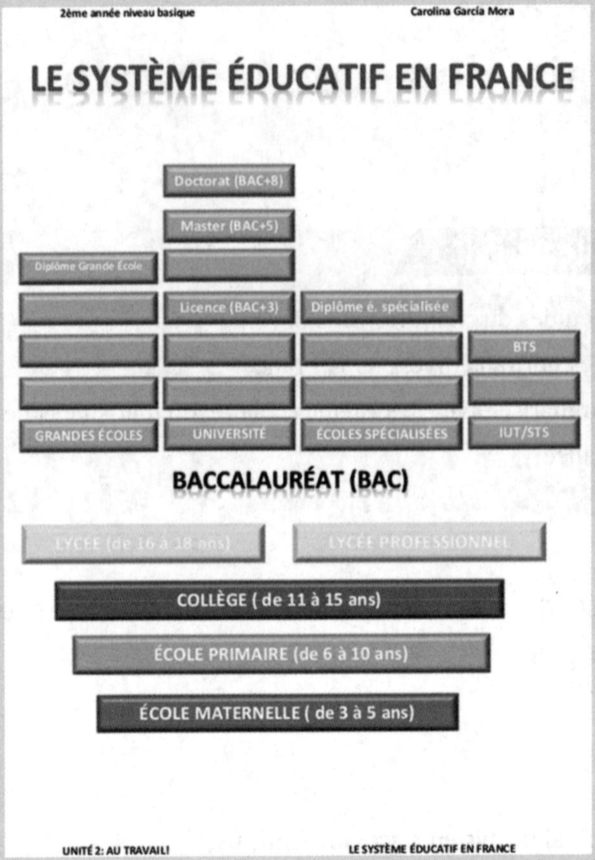

Image 4-1　Le système scolaire français [1]

L'enseignement primaire

Le primaire se constitue de deux parties: l'école maternelle et l'école élémentaire, qui regroupent les enfants de 3 à 10 ans. Dans l'école élémentaire, les écoliers et les écolières se mélangent dans une classe mixte et sont contrôlés par un seul instituteur ou une seule institutrice qui enseigne toutes les matières.

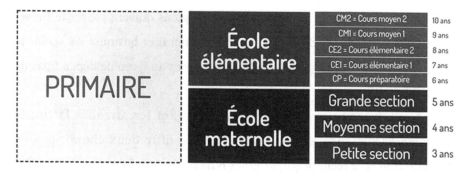

Image 4-2 L'enseignement primaire [2]

L'enseignement secondaire

Dès l'âge de 11 ans, les enfants commencent à suivre l'enseignement secondaire jusqu'à 17 ou 18 ans. À ce moment-là, ils ont plusieurs professeurs, un pour chaque matière. L'enseignement secondaire comprend le collège et le lycée.

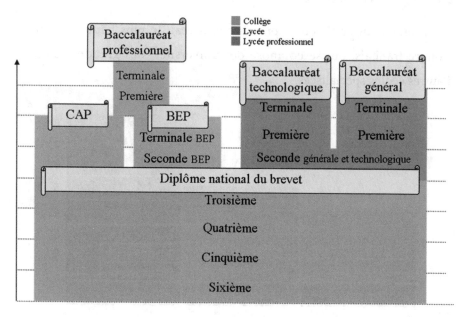

Image 4-3 L'enseignement secondaire [3]

À la fin du collège, soit le troisième, les collégiens doivent passer le Brevet des collèges, qui s'agit d'un petit examen général et basique. La scolarité étant obligatoire jusqu'à 16 ans en France, l'accès au lycée ne dépend pas de cet examen.

Quant aux lycéens, un examen très important les attend à la fin: le Baccalauréat (= appelé aussi "bac"). Le bac offre deux choix : la voie générale et la voie technologique, et les lycéens doivent faire une décision en seconde. Pour réussir cet examen, il faut avoir au moins la moyenne (10/20). Néanmoins, le passage au lycée n'est pas le seul choix, puisqu'il existe encore les lycées professionnels, dans lesquels les élèves mettent deux ans pour obtenir le CAP (certificat d'aptitude professionnelle) ou le BEP (diplôme d'enseignement professionnel). Après l'obtention du CAP ou du BEP, ils peuvent commencer à travailler immédiatement ou continuer à préparer le Baccalauréat professionnel pendant deux ans.

L'enseignement supérieur

L'enseignement supérieur représente le niveau le plus haut du système scolaire français, qui se compose des universités, des grandes écoles et d'autres écoles spécialisées.

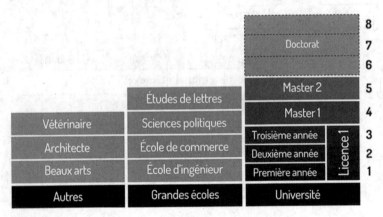

Image 4–4 L'enseignement supérieur [4]

Après le bac, la plupart des bacheliers choisissent d'entrer dans l'université et s'efforcent d'acquérir une licence (bac + 3), un master (bac + 5) ou même un doctorat (bac + 8), mais certains iront à l'IUT (Institut Universitaire de Technologie) pour obtenir un DUT (Diplôme Universitaire de Technologie) après une formation professionnelle en deux ans, ensuite ils peuvent poursuivre leurs études dans une université ou être embauchés.

D'autres bacheliers s'engagent dans une classe préparatoire pendant deux ans pour participer aux concours d'entrée des Grandes Écoles, dont les plus renommées sont Polytechnique pour être ingénieur, HEC (École des Hautes Études Commerciales) pour tout ce qui concerne le commerce, Sciences Po et l'ENA (École Nationale d'Administration) qui forment des élites dans le monde politique.

Bien sûr, il existe aussi d'autres écoles spécialisées telles que l'école de beaux–arts, d'architecture ou de vétérinaire, etc.

Les accueils des étudiants étrangers

La France se classe parmi les pays accueils les plus préférés des étudiants étrangers. Pendant la dernière décennie, elle a accueilli les étudiants de 196 pays différents, dont le nombre a augmenté de 32%. En 2020, elle se place au 5e rang après l'Allemagne, l'Australie, la Chine et la Turquie, grâce aux avantages de son système scolaire. En plus d'un coût de scolarité relativement bas, les étudiants étrangers, de même que les étudiants français, bénéficient gratuitement aussi de nombreux avantages sociaux comme l'allocation au logement et l'assurance maladie, etc. Et les boursiers peuvent même profiter des résidences universitaires.

À noter que parmi les étudiants étrangers, ceux qui viennent du Maroc, d'Algérie et de Chine sont les plus nombreux. Il est inégal quant à la répartition des étudiants étrangers sur le territoire français : 5 régions rassemblent 72% d'entre eux.

Tableau 4–1 La répartition des étudiants étrangers sur le territoire français [5]

Région d'accueil	Nombre d'étudiants
Île–de–France	124 091
Auvergne–Rhône–Alpes	46 772
Occitanie	32 650
Grand Est	31 185
Hauts–de–France	24 593
Nouvelle–Aquitaine	23 703
Région Sud	22 284
Pays de la Loire	12521
Bretagne	12 127
Normandie	10 310
Bourgogne–Franche–Comté	7 809
Centre–Val de Loire	6 773
Outre–Mer	2 827
Corse	360
Total	**358 005**

D'après une étude effectuée par le Ministère de l'Enseignement supérieur, de la Recherche et de l'Innovation (MESRI), la majorité (69%) des étudiants étrangers choisissent d'entrer dans les universités où ils préfèrent les spécialités telles que les lettres, les langues, les sciences humaines et sociales, etc. En effet, de nombreuses universités en France jouissent d'un renom dans le monde entier, telles que l'Université Sorbonne, l'Université Paris 1 Panthéon Sorbonne, l'Université Paris–Sud, l'Université Grenoble–Alpes, l'Université de Strasbourg, l'Université de Bordeaux, etc.

Exercices

1. Trouvez les points communs et les points différents entre les systèmes scolaire chinois et français.

2. Choisissez ton université ou grande école préférée en France et expliquez-le.

Vocabulaire

instaurer *v.t.* 创立，建立

laïque *a.* 非宗教的，世俗的

école maternelle *n.f.* 幼儿园

enseignement primaire *n.m.* 初等教育

obligatoire *a.* 义务的，强制的

brevet des collèges *n.m.* 初中毕业考试

matière *n.f.* 课程，科目

baccalauréat *n.m.* 中学毕业会考（文凭）

CAP (certificat d'aptitude professionnelle) *n.m.* 职业能力证书

BEP (brevet d'études professionnelles) *n.m.* 职业教育文凭

IUT (Institut Universitaire de Technologie) *n.m.* 大学技术学院

DUT (Diplôme Universitaire de Technologie) *n.m.* 大学科技文凭

résidences universitaires *n.f.* 公立大学生公寓

spécialité *n.f.* 专业

allocation de logement *n.* 住房补贴

répartition *n.f.* 分配

territoire *n.m.* 领土

Références

[1] https://www.slideshare.net/lebaobabbleu/le-systme-ducatifs-en-france

[2] https://www.francaisavecpierre.com/le-systeme-educatif-en-france/#post/0

[3] https://cn.bing.com/images/search?view=detailV2&ccid=Y69zLp4C&id=1149571B7E1BD0B67734718412E4B37201099445&thid=OIP.Y69zLp4CeyFSo0vsTOzjYwHaEu&mediaurl=https%3a%2f%2ffracademic.com%2fpictures%2ffrrwiki%2f69%2fEnseign_France_-_Secondaire_-_2008.png&cdnurl=https%3a%2f%2fth.bing.com%2fth%2fid%2fR63af732e9e027b2152a34bec4cece363%3frik%3dRZQJAXKz5BKEcQ%26pid%3dImgRaw&exph=681&expw=1067&q=enseignement+secondaire+en+france&simid=608019141817666779&ck=0FE319B7C4BC5C10161FBE2E66EB07AE&selectedIndex=2&FORM=IRPRS

T&ajaxhist=0

[4] https://www.francaisavecpierre.com/le–systeme–educatif–en– france/#post/0

[5] https://diplomeo.com/actualite–chiffres_mobilite_etudiante_france

4.2 Tourisme en France

Objectifs

L'aperçu général du tourisme en France.

Des régions et des sites touristiques français réputés au monde.

Tableau 4–2 Recette du tourisme international (en milliards €) [1]

Rang	Pays récepteur	1990	2000	2017 (p)	Évolution annuelle 2017/2000 en %
1	États–Unis	33,8	108,5	186,6	3,2
2	Espagne	14,5	33,4	60,3	3,5
3	France	15,9	35,7	53,7	2,4
4	Thaïlande	3,4	8,1	50,9	11,4
5	Royaume–Uni	12,1	23,7	45,3	3,9
6	Italie	12,9	29,8	39,2	1,6
7	Australie	3,3	10,0	36,9	8,0
8	Allemagne	11,2	20,2	35,3	3,3
9	Macao (Chine)	nd	3,5	31,5	13,9
10	Japon	nd	3,7	30,1	13,1
11	Hong Kong (Chine)	4,0	6,4	29,5	9,4
12	Chine (Hors Macao et Hong Kong)	1,7	17,6	28,9	3,0
13	Inde	nd	3,7	24,2	11,6
14	Turquie	2,5	8,3	19,9	5,3
15	Mexique	nd	9,0	18,9	4,5
16	Émirats arabes unis	nd	nd	18,6	nd
17	Autriche	10,6	10,6	18,1	3,2
18	Canada	5,0	11,7	18,0	2,6

suite du tableau

Rang	Pays récepteur	1990	2000	2017 (p)	Évolution annuelle 2017/2000 en %
19	Singapour	nd	5,6	17,4	6,9
20	Malaisie	1,3	5,4	16,2	6,6
	Total monde	**212,6**	**534,2**	**1 186,3**	**4,8**
nd : donnée non disponible.					
p : données provisoires.					
Champ : transport exclu.					
Source : OMT.					

Le tourisme occupe une place importante dans l'économie française. La France est le premier pays d'accueil du tourisme international. Son climat agréable, ses paysages pittoresques, sa longue histoire, ses vestiges culturels monumentaux et ses beaux bâtiments en font une destination touristique prisée. En France, plus de 20 sites touristiques ont été classés au patrimoine mondial culturel et naturel par les Nations Unies. L'année 2019 a raccroché le record en accueillant 90 millions de touristes internationaux, Outre–Mer inclus.

Capitale de romantisme

Paris, la plus grande ville de la France, est située sur la Seine, au cœur de l'Île–de–France. En tant que l'un des plus grands centres commerciaux et culturels, Paris a suscité, depuis des années, l'admiration du monde dans tous les types d'aspects tels que la politique, l'éducation, le divertissement, les médias, la mode, la science et les arts.

La ville cosmopolite de Paris est appelée la Ville Lumière qui ne dort jamais. Elle constitue l'une des villes les plus romantiques et les plus belles du monde recherchées par les touristes en raison des attractions fantastiques de la Tour Eiffel, de l'Arc de Triomphe, de la cathédrale Notre–Dame, du

Moulin Rouge, du Château de Versailles, du Château de Vincennes, de la Grande Arche de la Défense, du Panthéon, de l'église du Sacré Cœur, de la Sainte Chapelle et bien d'autres.

Le système de bus et de train de Paris (métro et RER) est parmi les plus grands et les meilleurs au monde. Des vélos gratuits et des voitures électriques à court terme et à bas prix facilitent une traversée de vingtaine d'arrondissements de la ville.

Paradis du vin

Célèbre pour ses vins de classe mondiale, Bordeaux est une ville portuaire située dans le sud-ouest de la France. La zone longue de 85 milles d'est en ouest et 70 milles du nord au sud accueille plus de 500 millions de touristes par an.

Le vignoble bordelais est étroitement lié à l'histoire et la réputation de la ville. Les 120 000 hectares du vignoble bordelais représentent environ 7 000 caves et environ 60 appellations d'origine.

À partir de l'empire romain, le vin de Bordeaux jouit d'une renommée mondiale et la région produit chaque année près d'un milliard de bouteilles de vin en AOC. Il existe des appellations différentes à Bordeaux, produites par plus de 8 000 producteurs ou châteaux. Le vin de Margaux, Médoc, Sauternes et Saint-Emilion sont les leaders dans leurs domaines.

La plupart des châteaux ouvrent leurs portes pour permettre des visites de leurs caves et des dégustations de vins. Les amateurs qui cherchent à voir des vignobles pittoresques et à déguster de riches vins rouges ne sont pas déçus par un voyage dans la région viticole de Bordeaux.

Pays de la lavande

La Provence est une région située du sud-est de la France bordée par l'Italie à l'est, la Méditerranée au sud, la région Rhône–Alpes au nord et la région Languedoc–Roussillon à l'ouest. Des monuments historiques, des villes et villages balnéaires, des festivals annuels animés et de vastes chaînes de montagnes offrent un paysage pour des visites passionnantes.

La lavande est cultivée en Provence au Moyen Âge. Les habitants en font de l'huile essentielle et du thé. La région fabrique également des savons, des parfums et même des bougies à la lavande. Jusqu'au XIXe siècle, la lavande est devenue les matières premières de la parfumerie de Grasse.

La Provence possède un patrimoine artistique inégalé, avec ses célèbres artistes inspirateurs de lumière tels que Van Gogh et Cézanne. Aujourd'hui leur travail, et celui d'autres artistes de renommée mondiale, sont célébrés dans les grands centres culturels d'Aix en Provence, d'Arles et d'Avignon.

De mai à octobre arrivent les meilleures saisons touristiques de Provence.

Exercices

1. Choisissez une région touristique française préférée et justifiez.
2. Expliquez pourquoi le tourisme en France est toujours en plein essor.

Vocabulaire

vestige *n.m.* 遗迹

prisé, e *a.* 受到高度评价的

raccrocher *v.* 重新得到，获得

resplendissant, e *a.* 闪耀着光辉的

à court terme 短期，短途

portuaire *a.* 港口的

vignoble *n.m.* 葡萄园

appellation d'origine *n.f.* 以产地命名

dégustation *n.f.* 品尝

amateur *n.m.* 业余爱好者

nocturne *a.* 夜间的

lavande *n.f.* 薰衣草

parfumerie *n.f.* 香水业

floraison *n.f.* 开花期

romantisme *n.m.* 浪漫

susciter *v.* 激发，挑起

cosmopolite *a.* 世界性的，国际性的

antique *a.* 古代的

RER *n.m.* 巴黎大区快速铁路网

(Réseau Express Régional) 的缩写

faciliter *v.* 使便利

prestigieux, se *a.* 奇妙的

cave *n.f.* 地下室，酒窖

pittoresque *a.* 美丽的

jouir (+ de) *a.* 享受，想有

viticole *a.* 种葡萄的，产葡萄的

balnéaire *a.* 海水的

Références

[1] https://www.insee.fr/fr/statistiques/3676870?sommaire=3696937&q=
Recette+du+tourisme+international

4.3   Écologie

Objectifs

Le développement de la protection de l'environnement en France.

L'Accord de Paris.

Les mesures prises actuelles pour protéger l'environnement en France.

En France, la prise de conscience de la protection de l'environnement remonte au XIXe siècle. Depuis, la France a accumulé une riche expérience dans le domaine de la protection de l'environnement et obtenu des résultats remarquables.

La prise en conscience de la protection de l'environnement en France

À la fin du XIXe siècle, les progrès de nouvelles techniques transforment des paysages. Dans la première moitié du XXe siècle, ce sont des intellectuels et de hauts fonctionnaires qui ont pris conscience de l'importance de protéger l'environnement. En 1902, le Parlement français adopte une loi sur la protection des oiseaux utiles à l'agriculture. Les premières réserves naturelles sont nées.

Le début du XXe siècle voit également apparaître de premières actions pour la défense de la nature de la société civile. En 1906, la première loi de protection de l'environnement est votée. La même année, la Société des excursionnistes de Marseille proteste vivement contre le projet d'exploitation du sable. C'est la première fois en France que des citoyens se mobilisent contre un projet industriel pour protéger un environnement naturel.

Dans les années 1950–1960, de diverses associations et groupes sur la protection de la nature sont nées. À partir de 1964, le bulletin intitulé *Aménagement et nature* est apparu. Il s'agit de la première publication entièrement consacrée à l'environnement.

Pendant la même période, c'est effectivement surtout l'État qui prend en charge la défense de l'environnement. En 1957, une loi sur les réserves naturelles est adoptée. Adoptée sans débat, elle représente toutefois une première étape dans la prise de conscience des enjeux environnementaux par les parlementaires. En 1965, le premier parc national français est inauguré. Le projet de loi sur l'eau est adopté en décembre 1964. L'État joue donc un rôle important dans la protection de l'environnement en France à partir des années 1960, mais la société française dans son ensemble ignore encore largement que l'action humaine peut menacer la nature.

En 1971, Robert Poujade est nommé ministre de la Protection de la Nature et de l'Environnement. La France est alors le premier pays du monde à avoir un ministère de l'Environnement.

Dans les années 1980-1990, de grandes catastrophes environnementales éveillent la conscience des dangers sur l'environnement. Deux grandes marées noires qui marquent la fin du XXe siècle provoquent une prise de conscience de la vulnérabilité de l'environement, et montrent la difficulté de faire appliquer le principe pollueur-payeur. Dans un autre domaine, la catastrophe du centre nucléaire Tchernobyl en 1986 provoque une certaine inquiétude sur la sureté du nucléaire en France.

Marées noires et catastrophes nucléaires traversent les frontières, les enjeux environnementaux deviennent planétaires. Ainsi, une nouvelle conférence des Nations Unies se tient en 1992 : le Sommet de la Terre de Rio de Janeiro. De nombreuses mesures environnementales sont prises par le gouvernement à l'approche de la conférence.

À la fin du XXe siècle, l'écologie politique apparaît. La défense de la nature devient un sujet incontournable. En 1993, les écologistes obtiennent au total 11% des suffrages au premier tour des élections législatives, soit plus que le

Parti communiste. Enfin, en 1997, 7 écologistes entrent au Palais–Bourbon. La cheffe de file des Verts, Dominique Voynet, est nommée ministre de l'Aménagement du territoire et de l'Environnement. Ces succès électoraux témoignent une diffusion des préoccupations environnementales à l'ensemble de la société.

Les politiques environnementales actuelles en France

La France a pris plusieurs mesures nationales en faveur de l'environnement dans le cadre de ses engagements internationaux relatifs au développement durable. À la suite de la Conférence de Rio en 1992, la France a adopté un programme d'actions pour le XXIe siècle, appelé Agenda 21, et a élaboré une première stratégie nationale de développement durable avec des objectifs environnementaux, en favorisant des modes de production et de consommation économes en ressources : énergie, eau, sol, air, biodiversité.

Le sommet de Johannesburg de 2002 a conduit la France à adopter une nouvelle stratégie nationale de développement durable (SNDD) pour la période 2003 à 2008. La SNDD accorde une importance particulière aux questions environnementales avec pour priorité la biodiversité et le développement des énergies renouvelables.

Dans une décision du 31 janvier 2020, le Conseil constitutionnel a jugé que la protection de l'environnement, patrimoine commun des humains, constitue un objectif de valeur constitutionnelle.

L'Accord de Paris sur le climat

L'Accord de Paris est un accord mondial sur le réchauffement climatique. Lors de la COP21 à Paris, le 12 décembre 2015, les parties à la Convention-cadre des Nations Unies sur les changements climatiques sont parvenues à un accord historique pour lutter contre le changement climatique et pour accélérer les actions et les investissements nécessaires à un avenir durable à faible émission de carbone. Il a été approuvé par l'ensemble des 195 délégations et est entré en vigueur le 4 novembre 2016.

L'objectif principal de l'Accord de Paris est d'atténuer le changement climatique et de réduire les émissions polluantes. Les pays doivent viser un pic des émissions mondiales dès que possible et procéder ensuite rapidement à des réductions des émissions polluantes pour arriver à un équilibre entre les émissions et les absorptions au cours de la seconde moitié du siècle.

De plus, les pays sont d'accord de se réunir tous les 5 ans. Le rôle des acteurs non étatiques dans la lutte contre le changement climatique est également reconnu, notamment les villes, les autorités locales, la société civile et le secteur privé.

La protection de l'environnement dans la vie quotidienne des Français

En France, les concepts à la protection de l'environnement pénètrent dans tous les aspects de la vie des Français. Le gouvernement encourage les citoyens français à participer à la protection de l'environnement. D'autre part, les concepts et la sensibilisation à la protection de l'environnement ont pénétré dans les enseignements primaire et secondaire, même les écoliers en CP comprennent bien l'importance de protéger l'environnement.

En marchant dans les rues françaises, vous pouvez constater que le concept de protection de l'environnement a pénétré dans tous les détails de la vie: le tri des déchets, les bus électriques etc.

Voici quelques mesures que les Français prennent dans la vie quotidienne pour protéger l'environnement :

Acheter d'occasion,

Boire l'eau du robinet,

Débrancher les chargeurs lorsqu'ils ne servent pas,

Éteindre la lumière en sortant d'une pièce,

Limiter l'usage de la climatisation,

… …

Exercices

1. Quelles sont les relations entre l'homme et la nature ?
2. Réfléchissez et citez 5 comportements quotidiens pour protéger l'environnement.

Vocabulaire

écologie *n.f.* 环保运动

accumuler *v.* 积累

réserve *n.f.* 保护区

excursionniste *n.* 远足者

mobiliser *v.* 动员

bulletin *n.m.* 简报

ignorer *v.* 忽视，忽略

vulnérabilité *n.f.* 脆弱性

mersure *n.f.* 手段，政策

durable *a.* 可持续的

concept *n.m.* 概念

biodiversité *n.f.* 生物多样性

réchauffement *n.m.* 变暖

atténuer *v.* 削减

pénétrer *v.* 渗透

prise en conscience *n.* 意识到

intellectuel *n.* 知识分子

voter *v.* 投票

exploitation *n.f.* 开发

réflexion *n.f.* 思想

inaugurer *v.* 开设

catastrophe *n.f.* 灾难

provoquer *v.* 引发

incoutournable *a.* 无法回避的

émission *n.f.* 排放

priorité *n.f.* 首要地位

renouvelable *a.* 可再生的

délégation *n.f.* 代表团

absorption *n.f.* 吸收

Chapitre V
Généralités des pays africains francophones

Contrat de travail

Après les études du chapitre, vous devez
- Savoir les généralités des pays francophones en Afrique.
- Vous familiariser avec les voies de développement de ces pays francophones.

Par le nombre de ses locuteurs, le français constitue la 5e langue mondiale, après le mandarin, l'anglais, l'espagnol et l'arabe. Et c'est la seule langue avec l'anglais, à être présentée sur 5 continents. Selon les statistiques 2018 de l'OIF (Organisation Internationale de la Francophonie), 300 millions (Statistiques par pays) de personnes sur 106 pays et territoires, sont capables de s'exprimer en français.

L'Afrique francophone, avec son demi-milliard d'habitants, est en train de devenir le centre de gravité de la Francophonie ; sa population, qui devrait doubler à l'horizon 2050, allait atteindre 715 millions de locuteurs dont 26% seraient des jeunes âgés de 15 à 29 ans. L'importance démographique valide nos choix des pays francophones en Afrique dans ce chapitre.

5.1 Généralités des pays francophones en Afrique

Objectifs

La répartition des pays francophones en Afrique.

L'aperçu général des pays francophones en Afrique.

Parmi les 54 pays situés sur le continent africain, 21 pays ont le français comme langue officielle et 5 pays ont le français en tant que langue importante dans les communautés.

Tableau 5–1　États africains indépendants avec la langue française [1]

Les 21 États africains indépendants ayant le français comme langue officielle unique ou coofficielle		
Congo (RDC)	Sénégal	République centrafricaine
Madagascar	Tchad	Congo (RC)
Cameroun	Guinée	Gabon
Côte d'Ivoire	Rwanda	Djibouti
Niger	Burundi	Guinée équatoriale
Burkina Faso	Bénin	Comores
Mali	Togo	Seychelles
Les 5 États africains indépendants où le français n'est pas une langue officielle mais est largement utilisé		
Algérie	Maroc	Tunisie
Mauritanie	Maurice	
Autres États africains membres de l'OIF		
Cap–Vert (lusophone)	Gambie (anglophone)	Guinée–Bissau
Égypte (arabophone)	Ghana (anglophone)	(lusophone)
Sao Tomé–et–Principe (lusophone)	Mozambique (lusophone)	

Les pays francophones en Afrique du Nord
(les pays du Maghreb, au sens restreint)

La géographie Traditionnellement, le Maghreb[1] (au sens restreint) comprend trois pays : le Maroc, l'Algérie et la Tunisie. C'est un ensemble homogène entre l'Atlantique, la Méditerranée, le Sahara et le désert libyque. L'espace maghrebin est dominé au nord–ouest par le massif montagneux, l'Atlas qui traverse les trois pays en formant une barrière entre la côte méditerranéenne et le Sahara. Au sud de l'Atlas, c'est le Sahara qui sépare le nord et le sud de l'Afrique. Des terres arables se concentrent principalement entre montagnes et désert et sur la ligne côtière. L'Algérie est le plus grand pays de l'Afrique du nord avec une superficie de 2 381 741 km^2 dont près de 85% occupée par le désert. Le Maroc dispose d'une ligne côtière de 1 700 km, les plaines les plus vastes et les montagnes les plus hautes de l'Afrique du nord.

Le climat Dans la partie saharienne, le Maghreb est une zone aride. Le climat désertique domine. Les précipitations sont rares et irrégulières. A l'intérieur, c'est le climat continental. Plus aux côtes méditerranéennes, le climat devient plus tempéré. Le Maroc est le pays le plus arrosé du Maghreb.

La population L'Algérie compte 43.8 millions (2020) d'habitants; la population de la Tunisie est estimée à 11.82 millions (2020); Quant à celle du Maroc, elle est estimée à 36.91 millions (2020). Ces populations de diverses origines sont concentrées au bord de la méditerranée et de l'Atlantique.

Les berbères sont les premiers habitants.

XIIe av. J. C. , les phéniciens viennent sur les côtes méditerranéennes.

Ier sciècle, les romains arrivent.

VIIe sciècle, les Arabes viennent en imposant l'Islam aux berbères.

XVIe siècle, débute l'occupation ottomane.

XIXe siècle, la colonisation française.

XXe sciècle, l'indépendance de la Tunisie, du Maroc et de l'Algérie.

Langues L'arabe est langue officielle des pays du Maghreb. Certaines langues berbères telles que tamazight sont reconnues comme langue nationale. Le français n'est pas langue officielle mais il occupe une place importante dans certains secteurs : le commerce, les sciences, les médias etc.

Les pays francophones en Afrique de l'Ouest

L'Afrique de l'Ouest n'est pas une entité géographique bien définie. Mais cette région constitue une des principales aires géographiques de la Francophonie. C'est aussi le berceau de la Francophonie (La Francophonie institutionnelle a vu le jour le 20 mars 1970 à Niamey au Niger) .

Des 16 pays de l'Afrique de l'Ouest, 12 (Le Bénin, le Burkina Faso, le Cap-Vert, la Côte d'Ivoire, le Ghana, la Guinée, la Guinée-Bissau, le Mali, la Mauritanie, le Niger, le Sénégal et le Togo) sont membres de l'OIF, dont 8 ont le français comme langue officielle et les 4 autres (Le Ghana, le Cap-Vert, la Guinée-Bissau et la Mauritanie) comme langue étrangère.

La Géographie L'Afrique de l'Ouest est une région terrestre couvrant la partie occidentale de l'Afrique subsaharienne. Elle recouvre approximativement les pays côtiers de l'Atlantique et ceux au nord du golfe de Guinée. La grande partie de l'Afrique de l'Ouest est composée de plaines avec les altitudes inférieures à 300 m. La partie du nord est occupée par le Sahel[2]. Cependant dans la partie du sud, il y a plusieurs sommets isolés, par exemple le Mont Nimba, situé entre la Côte d'Ivoire et la Guinée, est le point le plus haut de cette région.

Le fleuve Niger, avec une longueur de 4 184 km, est le troisième fleuve le plus long d'Afrique et le plus long fleuve de l'Afrique de l' Ouest. Il traverse 6 pays avant de se jeter dans l'Atlantique. Le fleuve Sénégal mesure 1 790 km de long. Il prend la source en Guinée, passe par le Mali, la Mauritanie et termine par le Sénégal. Ce fleuve est l'une des principales sources de vie du nord–ouest de l'Afrique. Car il amène l'eau et la fertilité, dans ces régions arides et sèches.

Le Climat Traversée par l'Équateur, l'Afrique de l'Ouest prend des caractères tropicaux. Influencé par de divers éléments, le climat change d'une région à une autre. Au nord, dans la zone sahélienne, c'est le climat semi–désertique de type sahélien. Il fait plus sec. Ce climat tropical sec caractérisé par deux saisons : une saison sèche de novembre à juin et une saison des pluies de juillet à octobre. La région du sud–ouest et la région du sud, bordées par l'Atlantique (le Golfe de Guinée), sont mieux arrosées. Le climat humide y domine.

Les Changements climatiques Pourtant, l'Afrique de l'Ouest est une région vulnérable face aux changements climatiques. Les menaces sont fortes. On constate un réchauffement entre 1,5 ℃ et 2 ℃ sur les terres et entre 0,5 ℃ et 1 ℃ sur les mers. Le contraste terre–mer est plus élevé qu'avant. Les répartitions saisonnières des pluies se sont modifiées. Les épisodes secs deviennent plus courts et les pluies plus fortes, surtout sur la côte du Golfe de Guinée. Quant au nord, la sécheresse avance.

Les Langues La langue française profite d'un statut de langue officielle dans les pays francophones. Elle est utilisée dans l'administration, l'enseignement ou le commerce. Le pourcentage de la population francophone varie entre 13% et 40%. Au côté du français–langue officielle, ces pays offrent une très grande diversité sur le plan des langues parlées. Au Mali, il y a13 langues nationales. Le yoruba est l'une des langues les plus parlées d'Afrique de l' Ouest, avec plus de 30 millions de locuteurs au Nigeria, au Bénin et au Togo.

Tableau 5-2 Langues dans les huits pays de l'Afrique de l'Ouest [2]

Pays	Population 2018 (en millier)	Francophone 2018 (en milier)	En pourcentage de la population totale	Langues parlées
Bénin	11 486	3 821	33%	Le fon, le yorouba, le bariba
Burkina Faso	19 752	4 752	24%	Le mooré, le dioula et le foulfouldé. Le mooré est la langue la plus répandue.
Côte d'Ivoire	24 906	8 259	33%	Le dioula parmi les 70 langues
Guinée	13 053	3 319	25%	Le peul (le poular), le malinké, le soussou et le kissi.
Mali	19 108	3 237	17%	Le bambara, le dogon, le malinké, le peul etc.
Niger	22 311	2840	13%	Le haoussa, le zarma etc (une vingtaine au total)
Sénégal	16 294	4 215	26%	Le diola, le malinké, le poular, le sérère, le soninké, le wolof etc.
Togo	7 991	3 217	40%	L'éwé, le kabiyé etc.

Voilà le tableau des langues maternelles et langues parlées au Mali selon un recensement 2009.

Tableau 5–3 langues maternelles et langues parlées au Mali selon un recensement 2009 [3]

	Langue	% maternelle	% parlée	# maternelle	# parlée
1	bambara	46,50%	51,82%	516 583 0	5 756 591
2	peul/foulforldé	9,39%	8,29%	1 042 987	921 377
3	dogon	7,12%	6,48%	791 435	719 967
4	maraka/soninké	6,33%	5,69%	702 926	631 685
5	malinké	5,60%	5,12%	622 108	569 131
6	sonrai/djerma	5,58%	5,27%	619 598	585 544
7	minianka	4,29%	3,77%	476 200	418 322
8	tamacheq	3,40%	3,18%	377 797	352 737
9	sénoufo	2,56%	2,03%	284 162	225 511
10	bobo	2,15%	1,89%	238 497	210 065
11	bozo	1,85%	1,58%	205 225	176 039
12	kassonké	1,17%	1,07%	129 438	118 400
13	maure	1,10%	1,00%	122 713	111 546
14	samogo	0,50%	0,43%	55 603	47 386
15	dafing	0,46%	0,41%	50 786	45 825
16	arabe	0,34%	0,33%	38 218	36 931
17	haoussa	0,04%	0,03%	4 453	3 562
	Non déclarées	0,69%	0,75%	76 778	83 663
	Autres languse du Mali	0,55%	0,49%	61 014	54 010
	Autres languse africaines	0,31%	0,18%	34 679	20 532
	Autres languse étrangères	0,08%	0,18%	8 865	20 128
	Total	100,00%	100,00%	11 109 312	11 109 312

La population La pluspart de la population de l'Afrique de l'Ouest longent les côtes d'Atlantique du Golfe de Guinée. La bande ouest-est désertique, le Sahel est peu peuplé. Les peoples proviennent de différentes éthenies. Elles sont souvent mélangées et transfrontalières. Un phénomène particulier, c'est que les « éthnies » sont des identités bien plus pertinentes et authentiques que les « nationalités » (au sens moderne du terme). En effet, les notions de « Togolais », de « Sénégalais » ou de « Malien » n'existent que depuis une soixantaine d'année, tandis que les notions de Sérère, de Peul, d'Éwé, de Fon existent depuis bien plus longtemps, plusieurs siècles même.

Grâce à un taux de fécondité de 5,2 enfants par femme en moyenne et à la progression de l'espérance de vie, 57 ans sur la période 2015–2020, la population en Afrique de l'Ouest (CEDEAO[3] et Mauritanie) progresse fortement, 391 millions d'habitants en 2019. Ce chiffre représente près de 37% de la population de l'Afrique subsaharienne. Bientôt, de nombreux jeunes arriveront sur le marché du travail. Et l'Afrique de l'Ouest bénéficiera un dividende démographique à condition qu'elle s'accompagne d'une politique de l'emploi efficace afin que chacun puisse s'insérer dans la vie active.

Les pays francophones en Afrique Centrale

La géographie À part l'Angola, tous les pays en Afrique Centrale (Gabon, Cameroun, Tchad, Guinée équatoriale, la République du Congo, Centrafrique, la République démocratique du Congo, Sao Tomé-et-Principe, Rwanda, Burundi) sont membres de l'OIF. Cette région comprend le sud du Sahara, l'est du bouclier ouest-africain et l'ouest de la vallée du Grand Rift. Le fleuve Congo est le plus important cours d'eau de la région et le lac Tchad est le plus grand lac.

L'Afrique Centrale est couverte par cinq grands bassins fluviaux. Le bassin du

Congo est le 2ᵉ plus grand bassin fluvial du monde, après celui de l'Amazone. Il comporte des ressources en eau renouvelables annuelles d'environ 1,3 milliard de m³, soit environ 30% des ressources en eau de l'Afrique. Il abrite le 2ᵉ massif forestier tropical – la forêt du bassin du Congo qui couvre près de trois millions de km² et est partagée entre six pays, le Cameroun, la République centrafricaine, la République du Congo, la République démocratique du Congo, le Gabon et la Guinée équatoriale.

Le climat Le climat de cette région est tropical ou équatorial, mais caractérisé par de divers types. Au nord du Tchad, c'est le climat tropical–sahélien, un peu aride et la saison sèche plus longue. Dans la zone traversée par l'Équateur, c'est le climat équatorial. Il fait chaud et humide avec une température élevée et stable toute l'année (environ 26℃ de moyenne annuelle) et de fortes précipitations. Les côtes du Golfe de Guinée reçoivent le plus de pluie annuelle qui fait que le Cameroun est une des régions les plus arrosées en Afrique. Plus à l'est, plus les précipitations diminuent. Au sud, le climat est aussi tropical. La saison sèche et la saison de pluie alternent.

Les langues Le français est langue officielle ou une des langues officielles dans les pays en Afrique Centrale.

Tableau 5–4 Les langues dans les pays francophones en Afrique centrale [4]

Pays	Langue officielle	Pourcentage francophone (2018)
Tchad	arabe/français	13%
Cameroun	français/anglais	41%
Centrafrique	français/sango	28%
République du Congo	français	59%
R. D. du Congo	français	51%
Burundi	français/kirundi	8%

suite du tableau

Rwanda	kinyarwanda/français/anglais	6%
Gabon	français	66%
Guinée Equatoriale	espagnol/français	29%
Sao Tomé et Principe	portugais	20%

Pareil qu'en Afrique de l'Ouest, l'Afrique Centrale présente également une diversité linguistique. Par exemple, au Gabon, on dénombre plus de 50 langues nationales. La République démocratique du Congo est un des pays les plus multilingues de toute l'Afrique, avec 221 langues. Parmi elles, il y a quatre langues nationales : le kikongo, le lingala, le swahili et le tshiluba.

La Population   En 2016, les 10 pays francophones d'Afrique Centrale abritent une population de 150 millions d'habitants, dont 20–30 millions habitent les forêts ou leurs abords immédiats. La population est par ailleurs extrêmement jeune, comme dans le reste de l'Afrique subsaharienne (45% en moyenne de moins de 15 ans, contre 3% de plus de 60 ans). La République démocratique du Congo dénombre 84 millions d'habitants. C'est le pays le plus peuplé de la sous–région. La densité de population varie d'un pays à l'autre avec des valeurs extrêmes : 8,2 habitants/km² au Gabon et 494 habitants/km² au Rwanda. Tandis que le taux d'urbanisation va au contraire. Au Gabon, le taux d'urbanisation atteint 87%. A l'opposé, le Rwanda est parmi les trois pays avec le plus faible taux d'urbanisation (avec le Tchad et le Burundi). Quant à la religion dominante, c'est le Christianisme, suivi par l'Islam et l'animisme avant les autres religions locaux.

Les pays francophones près de l'Océan Indien

Le sud–ouest de l'Océan Indien rassemble un grand nombre d'îles. Le

Madagascar, l'île Maurice, les Comores, les Seychelles, la Réunion (France), Mayotte (France). Dans l'histoire ou maintenant, ils ont tous eu des rapports étroits avec la France. Leur situation linguistique en a gardé de profondes empreintes.

Le Madagascar, dit « la grande île » par les locaux, est la plus vaste de ces îles, avec 587 000 km^2, et la plus peuplée, avec 28,36 millions d'habitants. Les habitants ont le malgache comme langue nationale et langue officielle avec le français. À l'échec d'une série de politiques linguistiques, la population a pu constater que le malgache n'avait pas pour autant été consolidé et que, comme au Maghreb, « on avait produit des analphabètes dans les deux langues ».

Les Comores sont divisées politiquement entre l'État des Comores et Mayotte. Le dernier a préféré être intégrée à la France après un référudum en 1976. L' État des Comores, connu l'indépendance en 1975, regroupe les îles de Grande Comore, Mohéli et Anjouan sur une surface totale de 2 170 km^2. Les langues officielles sont le shikomor (comorien), le français et l'arabe.

La République des Seychelles est un archipel de 115 îles, de population catholique. Ses langues officielles sont le français, l'anglais et le créole.

L'île Maurice Cette île a été occupée par les Hollandais, les Français et les Anglais. L'indépendance a été obtenue en 1968. Les trois langues sont présentes sur l'île, à savoir le créole, le français et l'anglais. Ce dernier est considéré comme langue officielle.

La Répubilique de Djibouti est un pays de la Corne de l'Afrique, situé sur la côte occidentale du débouché sud de la mer Rouge. Il est devenu indépendant depuis 1977. La population est principalement musulmane et de nombreuses mosquées sont installées dans tout le pays. Le français et l'arabe sont les langues officielles du pays.

Exercices

1. Trouvez les drapeaux des pays francophones et expliquez les significations.
2. Expliquez le rôle du français dans les pays francophones.

Vocabulaire

homogène *a.* 同质的

massif *n.m.* 高地，高原

Atlas *n.m.* 阿特拉斯山

aride *adj.* 干燥的

Sahara *n.m.* 撒哈拉沙漠

arable *adj.* 可耕种的

Phénicien *n.f.* 腓尼基人

approximativement *adv.* 大概地

tropical, e (aux) *adj.* 热带的

répartition *n.f.* 分布

authentique *adj.* 真实的

s'insérer *v.* 融入

Christianisme *n.m.* 基督教

consolider *v.* 巩固

archipel *n.m.* 群岛

berbère *n.&a.* 柏柏尔人（的）

romain *n.* 罗马人

ottoman, e *adj.* 奥斯曼的

arabiser *v.* 使阿拉伯化

disposer (+de) *v.* 拥有

précipitations *n.f.* 降水量

tamazight *n.m.* 柏柏尔语（一种）

Équateur *n.m.* 赤道

vulnérable *adj.* 脆弱的

pertinent, e *adj.* 贴切

dividende démographique 人口红利

bassin *n.m.* 盆地

animisme *n.m.* 泛灵论

analphabète *a./n.* 不识字的 / 文盲

créole *n.m.* 克里奥语

Note

1. Maghreb, en arabe, signifie « le couchant, l'endroit où le soleil se couche » .

2. Sahel, zone de transition aride à semi–aride entre le désert du Sahara et l'Afrique intertropicale. Le Sahel forme une bande de 160 à 240 kilomètres de large.

3. CEDEAO，La Communauté économique des États de l'Afrique de l'Ouest est une organisation intergouvernementale regroupant 15 États membres. C'est la région avec le plus grand nombre de pays. C'est une des communautés économiques régionales ayant la meilleure performance. C'est aussi la région la plus peuplée avec une population de 350 millions de personnes en 2015.

Références

[1]   https://fr.wikipedia.org/wiki/Afrique_francophone

[2]   http://observatoire.francophonie.org/wp–content/uploads/2018/09/
Francophones–Statistiques–par–pays.pdf

[3]   https://fr.wikipedia.org/wiki/Langues_au_Mali

[4]   Statistiques d'après l'Observatoire de la langue française de l'Organisation
internationale de la Francophonie. 2018.

5.2 Voie à la modernisation

Objectif

Connaître les voies à la modernisation des pays francophones en Afrique.

L'indépendance nationale

La plupart des pays francophones en Afrique étaient des colonies françaises. Au milieu du XXe siècle, ils ont obtenu l'indépendance pacifiquement ou avec de la force. Parmi lesquels, il y a l'indépendance meurtrière de l'Algérie.

En 1830, l'Algérie est devenue une des colonies françaises. En novembre 1954, l'identité française de l'Algérie fait encore la quasi–totalité des forces politiques, à l'exception de l'extrême gauche. Pourtant l'Algérie revendique depuis longtemps son indépendance. Suite à la découverte de gisements de pétrole et de gaz sur le territoire algérien en 1951, les intérêts économiques de la France suscitent des affrontements entre les indépendantistes et l'armée française. Le peuple algérien est également déçu par les promesses non tenues par l'État français après la Seconde Guerre Mondiale. La répression violente et les conflits internes des partis politiques vont enfin alimenter la guerre pendant huit ans.

C'est au 1er novembre 1954 que la guerre d'indépendance de l'Algérie éclate avec la « Toussaint rouge », une série d'attentats organisés par le FLN (front de libération nationale). Le FLN veut libérer le pays de la présence française. En 1955, la France déclare l'état d'urgence et l'armée française débarque en Algérie. C'est une guerre meurtrière entre les indépendantistes algériens, l'armée française et les Européens d'Alger qui sont pour l'Algérie française. Le 18 mars 1962, le gouvernement français et le gouvernement provisoire

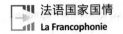
de la République algérienne (GPRA) signe les Accords d'Évian. L'Algérie est officiellement indépendante de la France le 5 juillet de la même année. Pendant 8 ans de guerre, de nombreux algériens et soldats français sont morts. L'Algérie est le premier pays africain indépendant avec de la force.

L'éducation

L'éducation est un facteur clé du développement économique, social, culturel et politique d'un pays. Les États ayant mis en place des systèmes éducatifs efficaces ont connu un niveau de performance économique élevé au cours des dernières décennies.

Le Maroc considère l'éducation comme une base importante de la société et du développement social. Le pays souligne la généralisation de l'éducation et l'arabisation de l'enseignement. Le système éducatif marocain est dirigé par le Ministère de l'Éducation Nationale (MEN). Il est caractérisé par la cohabitation du système public et privé, de l'enseignement francophone et arabophone. Bien similaire au système d'éducation français, l'éducation au Maroc est composée de quatre cycles : l'enseignement préscolaire, primaire, secondaire et universitaire. Le taux d'alphabétisation des marocains (15–24 ans) atteint 97,73%[1] (2018) et celui de la population totale est de 78% (2020)[2]. L'école se situe actuellement au cœur du projet de société du Maroc.

Tableau 5–5 Durées scolaires des quatre cycles d'éducation [3]

Niveau	Durée	Âge
Préscolaire	2 ans	4–6 ans
Primaire	6 ans	7–13 ans
Secondaire collégial	3 ans	13–16 ans
Secondaire qualifiant	3 ans	16–18 ans

L'éducation dans les écoles publiques était faite en arabe et le français était introduit comme langue étrangère. Cette politique d'arabisation dans l'enseignement depuis 30 ans a pris fin à partir du décembre 2021. Dorénavant, le français revient dès l'école primaire au Maroc. Les écoliers suivront leurs cours de sciences et de mathématiques, non plus en arabe mais dans la langue de Molière.

Normalement, à la fin des études du cycle secondaire (lycée), les élèves doivent passer un examen national pour obtenir le certificat du baccalauréat. Suite au cycle secondaire les étudiants peuvent décider de suivre un enseignement supérieur. Le Maroc compte actuellement 24 universités dont l'Université Mohammed V de Rabat est la première université moderne au Maroc créée en 1957.

CPGE Après l'éducation secondaire, les élèves peuvent entrer dans les classes préparatoires aux grandes écoles (CPGE), soit un cycle post-baccalauréat de deux années scolaires. Les CPGE sont organisées en deux grands pôles : un pôle scientifique et technologique et un pôle économique et commercial. Les élèves ayant fait la première et la deuxième année des classes préparatoires aux grandes écoles dans l'une de ces pôles peuvent se présenter aux concours suivants :

– Concours national d'accès aux écoles de management (CNAEM) pour intégrer l'une des écoles marocaines de management ;
– Concours d'accès à de grandes écoles de commerce en France.

BTS (Brevet de Technicien Supérieur) Il a été créé en 1992 par le Ministère de l'Éducation Nationale dans l'objectif d'améliorer l'adéquation formation-emploi et de répondre aux besoins des entreprises en ressources humaines dans les secteurs de l'industrie, du commerce et des services. Ce diplôme connaît un grand succès aussi bien auprès des jeunes bacheliers qu'auprès des employeurs. En effet, ce type de profil répond bien aux besoins de l'économie nationale où la petite et moyenne entreprise et industrie sont prédominantes.

Les titulaires du BTS ont deux choix dans le développement personnel : soit commencer la vie professionnelle, soit continuer les études dans les universités des sciences et technologies, les écoles supérieures des ingénieurs etc.

En moins de 50 ans, le Maroc a réussi à alphabétiser une partie importante de sa population et à créer de nombreuses universités. Il atteint la scolarisation quasi totale des enfants. Néanmoins, il est toujours confronté à de nombreux défis :

– Un taux élevé d'abandon et de redoublement.

– Dilemme des langues : l'arabe ? le français ? les langues berbères ?

– L'analphabétisme persiste dans les zones rurales et pour les femmes.

Niger La situation géographique et climatique du Niger est très hostile. Les deux tiers de la superficie sont désertiques. Le Niger est un pays au climat extrêmement sec régulièrement inondé. Pourtant, le Niger est un pays avec un taux de croissance démographique le plus élevé au monde, soit 3,8%. Le nombre d'enfants en âge d'aller à l'école augmente rapidement. En 2030, ils seront 1,2 million à entrer en primaire, contre 600 000 en 2020 (selon les derniers chiffres de la Banque Mondiale). De ce fait, l'éducation est une priorité majeure pour le pays et il donne un cinquième de son budget national à ce secteur.

Le Niger se classe au 10e rang pour l'éducation des enfants et pour l'éducation des filles les plus pauvres et se situe au 9e rang pour l'égalité d'accès à une éducation de qualité, selon un rapport sur les 10 pays ayant participé à l'évaluation PASEC (Programme d'analyse des systèmes éducatifs, lancé à l'initiative de la Conférence des ministres de l'Éducation des États et gouvernements de la francophonie, bénéficié du soutien technique et financier du Groupe de la Banque mondiale.) en 2014.

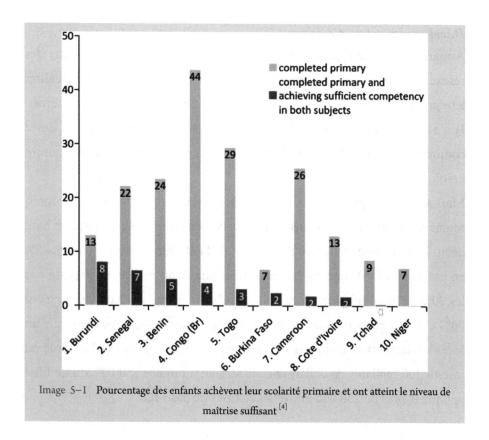

Image 5–1 Pourcentage des enfants achèvent leur scolarité primaire et ont atteint le niveau de maîtrise suffisant [4]

Actuellement, plus de la moitié des enfants âgés de 7 à 12 ans n'entrent pas à l'école. Les enfants à l'école s'arrêtent, en moyenne, au bout de six ans. Les élèves – surtout dans les zones rurales – sont confrontés à des classes surchargées et à des ressources limitées.

Le gouvernement s'efforce à améliorer la situation éducative avec l'aide extérieure. Pour l'avenir, le gouvernement donne aussi une grande importance à l'enseignement et aux formations techniques et professionnels (EFTP). Selon le gouvernement, l'acquisition de compétence représente le meilleur vaccin pour lutter contre la pauvreté et soutenir le développement socio–économique. L'EFTP jouera sans aucun doute un rôle important pour aider le pays à répondre aux besoins de sa jeunesse en pleine croissance.

Développement numérique

Auparavant, les dirigeants africains rêvaient de relier leurs pays par des réseaux routiers et ferroviaires et ceux d'aujourd'hui sont en train de réaliser leur propre rêve : connecter les pays africains au reste du monde par internet. Il s'agit de l'avancement des technologies de l'information et de la communication (TIC) dont presque toutes les professions à l'avenir auront besoin.

Mais selon un rapport de la Banque Mondiale, malgré de grands progrès, moins d'un tiers des Africains sont actuellement connectés à l'internet haut débit. Le taux de pénétration de la 3G et de la 4G représente seulement 25% en moyenne en Afrique. Et la couverture haut débit mobile ne dépasse pas les 70% de la population africaine. Même en Afrique du Nord, seulement 60% environ de la population ont accès aux réseaux 4G. Pour garantir un accès universel et de qualité sur l'ensemble du continent d'ici 2030, il faudrait investir 100 milliards de dollars dans le secteur, au moins 250 000 km de fibre optique et près de 250 000 nouvelles stations de base 4G.

Au **Togo**, actuellement, le taux de pénétration du haut débit mobile est de 20%, plaçant le Togo au 28e rang en Afrique subsaharienne tandis que la 3G et la 4G ne couvrent respectivement que 65% et 10% de la population. Par ailleurs, le pays est parmi les pays africains où la connexion internet est la plus chère. Par exemple, le coût aux utilisateurs togolais de portables est deux fois plus élevé qu'au Rwanda et trois à sept fois plus élevé qu'en Tunisie, au Maroc.

Comme le numérique est un véritable levier de la modernisation de l'économie et de la société. Il est donc temps de lever les principaux obstacles au développement de l'économie numérique au Togo. Le gouvernement togolais a inscrit le numérique au cœur de sa stratégie nationale en initiant plusieurs projets. Il prévoit de généraliser l'accès

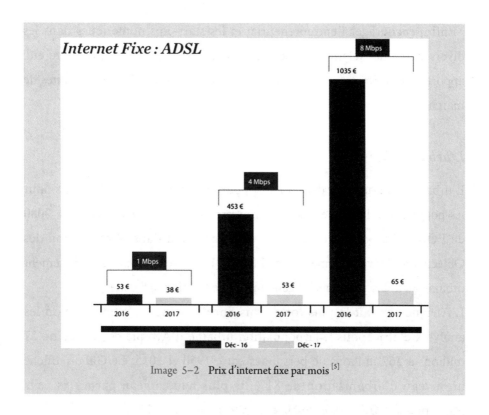

Image 5–2 Prix d'internet fixe par mois [5]

internet haut–débit, soit plus de 90% de la population et plus de 95% des entreprises accèdent au haut–débit (cible plus de 10Mbps), d'équiper les institutions éducatives en intégrant pleinement le TIC aux élèves et aux étudiants en 2022.

Mais selon les spécialistes de la Banque Mondiale, pour exploiter pleinement le potentiel du numérique au Togo, il faut mettre les efforts dans les trois domaines.

–Tout d'abord, renforcer la concurrence dans le marché de l'offre d'internet et dans l'installation des infrastructures. Actuellement, le Togo dispose d'un opérateur de téléphone fixe, deux opérateurs de téléphone mobile et trois fournisseurs d'accès internet.

–Ensuite, introduire la formation aux outils et aux métiers numériques dans le système éducatif.

–Enfin, encourager l'entrepreneuriat et les start-ups numériques dans les divers domaines tels que les services financiers, l'éducation, la santé etc; apporter des formations, des soutiens financiers et créer des opportunités de marché.

L'urbanisation

L'urbanisation apporte de grandes opportunités, mais aussi des défis pour les populations, les entreprises, les gouvernements etc. Dans l'Agenda 2030 de l'ONU, l'urbanisation joue un rôle important dans la réalisation des Objectifs de Développement Durable (ODD). Une Afrique essentiellement urbaine a été inscrite dans l'Agenda 2063 de l'Union africaine.

L'Afrique connaît la plus forte croissance urbaine au monde. Selon les analyses d'africapolis[6], la population urbaine d'Afrique est passée de 27 millions à 567 millions de personnes entre 1950 et 2015. Le Gabon affiche un niveau d'urbanisation de 81%, le plus haut niveau parmi les pays francophones africains. Et le Niger le plus faible, soit 17%.

Gabon-Libreville Le Gabon est l'un des pays les plus urbanisés en Afrique, avec près de 86% de personnes vivant dans les villes. 80% de la population du pays réside principalement dans les quatre principales villes du pays dont Libreville.

Libreville est la capitale politique et administrative du Gabon. C'est la première ville du pays en nombre d'habitants qui abrite presque la moitié de la population du pays. C'est une ville traversée par plusieurs cours d'eau et entourée d'une immense forêt. Trois zones protégées sont à l'entour. Aux abords de la ville, ce sont des mangroves que le Gabon, petit pays d'Afrique centrale d'environ 270 000 km^2, en dispose 50% du Golfe de Guinée et dont la plupart sont au tour de la capitale.

L'organisation des communes de Libreville date depuis la fin de la période coloniale. À cette époque, Libreville était une commune de plein exercice. Il y avait un conseil municipal et un maire élu. Plus tard, à la découverte du pétrole, la capitale gabonaise, dans sa dynamique de croissance, débordait rapidement son site initial pour conquérir les espaces ruraux environnants.

En fait, Libreville, en tant que capitale politique où se trouve presque la totalité des activités sociales, ne cesse de s'agrandir. Le développement rapide porte pleines d'opportunités. Par conséquent, l'explosion démographique de Libreville est telle qu'elle a engendré une occupation anarchique et l'extension spatiale sans précédent de la ville. Actuellement, l'extension spatiale menace l'exsistence des mangroves dont certaines ont été détruites pour donner place aux nouveaux bâtiments. Cela entraîne une augmentation des risques naturels dont les inondations, les changements climatiques etc.

Exercices

1. Choisissez un pays francophone et présentez le développement de son transport en commun.
2. Choisissez un pays francophone et présentez l'état actuel de la santé publique.

Vocabulaire

meurtrier, ère *a.* 造成大量伤亡的

identité *n.f.* 身份

décolonisation *n.f.* 去殖民化

alimenter *v.* 酝酿

débarquer *v.* 登陆

généralisation *n.f.* 普及化

cohabitation *n.f.* 同存

alphabétisation *n.f.* 扫盲

adéquation *n.f.* 相符

prédominant, e *adj.* 主要的

dilemme *n.m.* 进退两难

hostile *adj.* 恶劣的

vaccin *n.m.* 防疫，疫苗

pénétration *n.f.* 渗透度

levier *n.m.* 手段

inscrire *v.* 写入

intéger *v.* 嵌入

entrepreneuriat *n.m.* 创业

déborder *v.* 溢出

agroalimentaire *adj.* 农产食品加工业的

anarchique *adj.* 混乱的

gré *n.f.* 意愿

aménagement *n.m.* 治理

colonie *n.f.* 殖民地

revendiquer *v.* 要求

gisement *n.m.* 矿脉

attentat *n.m.* 谋杀

provisoire *adj.* 临时的

arabisation *n.f.* 阿拉伯化

arabophone *adj.* 阿拉伯语的

baccalauréat *n.m.* 高中会考

bachelier, ère *n.* 会考及格者

titulaire *n.* 持有人

analphabétisme *n.m.* 文盲

priorité *n.f.* 首要地位

haut débit *n.* 宽带

fibre optique *n.* 光纤

prévoir *v.* 预备

équiper *v.* 配备

infrastructure *n.f.* 基础设施

mangrove *n.f.* 红树群落

significatif *adj.* 重要的

se ruer *v.* 蜂拥前往

coutumier *adj.* 习惯的

découpage *n.m.* 分割

Références

[1] https://donnees.banquemondiale.org/indicateur/SE.ADT.1524.
LT.ZS?locations=MA

[2] https://fr.wikipedia.org/wiki/Syst%C3%A8me_%C3%A9ducatif_au_
Maroc#cite_note–4

[3] http://www.ecoliers–berberes.info/presentation%20systeme%20
educatif.htm

[4] https://blogs.worldbank.org/fr/education/une–ducation–de–qualit-
pour–tous–mieux–valuer–les–progr–s–en–afrique–francophone

[5] https://numerique.gouv.tg/wp–ntent/uploads/files/2018/12%20–%20
D%C3%A9cembre/L–economie–numerique–en–marche–au–Togo.
pdf

[6] https://www.oecd.org/fr/csao/themes/africapolis/

Chapitre VI
Économie des pays africains francophones

Contrat de travail

Après les études du chapitre, vous devez
- Obtenir une vue globale sur le développement économique des pays francophones en Afrique.
- Connaître les secteurs clés de l'économie francophone africaine

6.1 Aperçu général de l'économie des pays africains francophones

Objectifs

Les raisons des changements économiques des pays africains francophones.
Une vue globale sur le développement économique des pays africains francophones.

À partir du début des années 2000, le continent africain a affiché d'impressionnants taux de croissance économique. Cette performance remarquable est en grande partie due à l'essor prolongé de l'exploitation des matières premières, au rapide développement de l'économie de services et à l'apport de l'aide au développement. Plus de 50% des pays africains francophones ont affiché un taux de croissance annuel moyen du PIB de 4% (à titre comparatif, la croissance annuelle du PIB de la Chine est de 6,9% en

2017) ou plus entre 1995 et 2017.

Des facteurs internes et externes ont contribué à cette croissance généralisée.

Facteurs internes

– L'investissement public dans les infrastructures (port, réseaux de transport, production électrique)

– L'amélioration de la gestion macroéconomique

– Le dynamisme du secteur des services (transport, télécommunication, services financiers et tourisme)

– L'urbanisation

– L'évolution démographique

Facteurs externes

– L'augmentation des prix des matières premières (forte demande des pays émergents en développement du BRIC : Brésil, Russie, Inde, Chine)

– L'investissement de l'étranger

– L'aide extérieure (notamment la remise des dettes)

Cepandant, certaines économies ont connu des croissances faibles dues aux conflits armés, notamment le Burundi et la République Centrafrique.

En dépit d'une croissance continue depuis 1995, le PIB par habitant de plusieurs pays africains francophones demeure faible. La structure économique n'a pas connu autant de changements. Les pays avec le PIB par habitant élevé sont soit des exportateurs de pétrole ou de minerais, soit des économies plus diversifiées (Maroc, Tunisie et Seychelles).

Le Maghreb

Les pays maghrebins ont réalisé d'importants progrès dans les réformes économiques ces dernières années. Selon les données de 2019 de la Banque Mondiale, l'Algérie est le leader dans la région en terme du PIB par habitant

(3 974 $), suivie de la Tunisie (3 317 $) et du Maroc (3 204 $). Néanmoins, dû au fait que les économies dépendent fortement de l'extérieur, la croissance du PIB subit des influences de la conjoncture économique mondiale, notamment le prix des matières premières telles que le pétrole. La valeur ajoutée de l'industrie n'occupe que 37% du PIB en 2019 pour l'Algérie, plus bas au Maroc avec 25% et 23% en Tunisie.

Algérie L'Algérie est le plus grand pays du Maghreb. Riche en ressources naturelles, le pays dépend énormément de l'exportation de gaz et de pétrole qui représente 96% des exportations du pays, près de la moitié de son PIB et 60% des recettes budgétaires de l'État. Outre le prétrole et le gaz, le pays n'exporte pas grand-chose et n'accueille guère de touristes. Auparavant, ses revenus dérivés des matières premières lui permettait de financer les politiques publiques, d'entreprendre des réformes etc. Mais en 2014, le choc du prix du pétrole a entraîné le pays dans la récession. Les recettes du pays ont été divisées en deux. En 2019, il n'a affiché qu'un taux de croissance de 0,8%. Une croissance trop faible pour permettre à un état de se réformer.

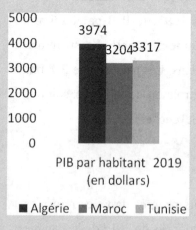

Image 6-1 PIB 2019 par habitant [1]

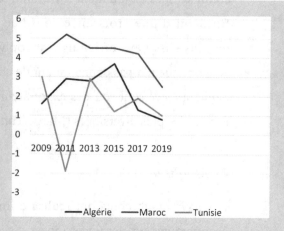

Image 6-2 Croissance du PIB des trois pays maghrébins [1]

De plus, le taux d'activité en Algérie est catastrophique. Seulement 40% de la population en âge de travailler occupe un emploi. Le taux d'activité des femmes reste très bas. Un peu plus de la moitié des jeunes, à la sortie des études supérieures, ne trouvent pas d'emploi.

Chômage de masse, montée des prix des denrées alimentaires, appauvrissement de l'État, telle est la situation économique d'Algérie.

Maroc Le Royaume du Maroc constitue la 2e économie du Maghreb. Le PIB du Maroc a connu un taux de croissance annuel moyen de 4% sur la dernière décennie et a atteint 122 milliards $ en 2019. L'État joue un rôle important dans l'émergence économique du pays avec sa stratégie d'industrialisation.

Le phosphate est le premier contributeur des recettes nationales. Il dispose des premières réserves mondiales avec 50 milliards de tonnes. C'est également une puissance agricole (En 2012, le pays occupe respectivement le 6e rang mondial, le 4e et le 3e des exportations d'agrumes, de tomates et d'olives de table. Il est à la 10e place pour l'huile d'olive).

Les grandes réformes économiques ont bien contribués à cette bonne performance. Avec les réformes sur le plan budgéraire et structurel, le pays traverse maintenant une phase de transformation graduelle et de diversification économique.

Tunisie L'économie de la Tunisie est basée sur l'agriculture, les mines et l'énergie (les phosphates et l'hydrocarbure), le tourisme et les industries manufacturières (textiles, agroalimentaire et électro–mécaniques). L'économie du pays est bien diversifiée. Par rapport aux autres pays du Maghreb (Algérie et Maroc), elle occupe la 2e place pour le revenu par habitant et pour le niveau de développement derrière l'Algérie. De plus, la Tunisie est l'unique pays de la région à être entré dans la catégorie des « pays à revenus moyens ».

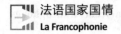
Néanmoins, le poids du secteur public dans l'économie demeure considérable. Et la dépense sur la masse salariale (plus de 650 000 fonctionnaires pour un pays de 11 millions d'habitants) de la fonction publique représente 40% des dépenses du budget de l'état. Cela dépasse 15% du PIB. La dette publique occupe presque les 70% du PIB.

Bref Les trois pays du Maghreb font face à une triple réalité : même langue, même religion, une histoire commune. Ils font face à des défis socio-économiques assez similaires. Ils ont un taux élevé du chômage chez les jeunes et ils ont besoin de développer le secteur privé pour créer des emplois plus nombreux et de meilleure qualité. L'extrême pauvreté diminue dans l'ensemble, mais une large partie de la population risquent de retomber dans la pauvreté. Les inégalités au emploi est un obstacle majeur pour mettre fin à l'extrême pauvreté dans le monde d'ici 2030.

Liens économiques régionaux Bien qu'ils soient dans la même région, les trois pays n'ont pas de liens économiques étroits.

En 1989, les cinq pays (Algérie, Libye, Maroc, Mauritanie et Tunisie) ont créé l'Union du Maghreb Arabe pour promouvoir la coopération et l'intégration économique. Trente ans plus tard, le commerce entre les cinq pays ne représente que 3% de leurs échanges globaux. Cela en fait la région la moins intégrée au monde.

L'intégration entre les pays du Maghreb aidera à attirer les investissements directs étrangers pour la région, à diminuer des coûts du commerce et des mains-d'œuvre entre ces pays.

L'Afrique subsaharienne francophone

En Afrique subsaharienne, c'est l'Afrique de l'Ouest et l'Afrique Centrale qui comprennent la plupart des pays francophones, sans oublier le Djibouti, le Burundi en Afrique de l'Est et le Madagascar, les Comores dans l'Océan Indien.

La croissance économique des pays africains francophones bénéficie d'une perspective favorable. La forte croissance mondiale, l'amélioration des prix des matières premières, la demande intérieure ont tous contribué au développement économique de l'afrique francophone. Selon la Banque mondiale, en 2019 l'Afrique francophone subsaharienne affiche une croissance globale de 4,5%, contre seulement 1,9% pour le reste de l'Afrique subsaharienne.

La Côte d'Ivoire, la RDC (République démocratique de Congo), le Cameroun et le Sénégal sont les quatres premières économies francophones avec une croissance annuelle respective de 8,4%, 6,0%, 4,7% et 5,9%. Tandis

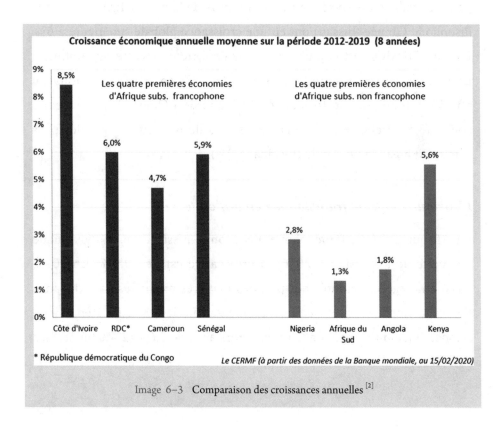

Image 6–3 Comparaison des croissances annuelles [2]

que les quatre premières économies non francophones, le Nigeria, l'Afrique du Sud, l'Angola et le Kenya, ont connu une progression annuelle de 2,8%, 1,3%, 1,7% et 5,6%.

En Afrique subsaharienne francophone, les produits de matières premières tels que le pétrole (Gabon, République du Congo), l'aluminium (Guinée, Guinée Bissau) etc. sont les principales exportations. Les produits agricoles tels que le cacao (Côte d'Ivoire), le coton (Bénin, Burkina Faso), le cajou (Guinée) sont aussi des exportations importantes.

L'Afrique de l'Ouest très dynamique

La meilleure performance économique des pays subsahariens francophones est tirée principalement par les pays de l'Afrique de l'Ouest. En 2019, pour la sixième fois en sept ans, les huit pays de la zone UEMOA (dont la lusophone Guinée–Bissau) ont eu une croissance globale supérieure à 6%. La zone UEMOA est la plus vaste zone de forte croissance du continent. La Côte d'Ivoire, avec une croissance de 7,3% en 2019, a de nouveau affiché la meilleure performance d'Afrique de l'Ouest.[3] Le Sénégal a continué à afficher une croissance de plus de 6%, mieux que des pays comme l'Ouganda (4%) et le Rwanda (5,2%).

L'Afrique Centrale francophone en difficulté

En Afrique Centrale francophone, l'économie n'est pas aussi dynamique que celle de l'Ouest. En 2016, la croissance est de –0,3%. En 2017, grâce à la légère remontée des prix des matières premières, la croissance s'est légèrement reprise avec une augmentation de 0,3%. La République démocratique du Congo a atteint une croissance de 2,6% (2,4% un an plus tôt). (2017)

Une croissance stable des pays francophones de l'Océan Indien

Madagascar est le plus grand pays de la région, avec une croissance progressive ces dernières années (4% 2017, 4,5% 2018, 4,9% 2019). De son côté, Djibouti continue à tirer profit de sa situation géographique stratégique, et est devenu une plaque tournante du commerce international. La croissance de PIB atteint 7,85% en 2019. Enfin, le Burundi et les Comores avec 2% de croissance en 2019 se trouvent dans les derniers rangs de la région.

Les trois secteurs en Afrique francophone

Le secteur agricole occupe une place cruciale en Afrique : il offre 65% des emplois et contribue à 35% du PIB. En Afrique de l'Ouest et Centrale, l'agriculture est aussi le premier employeur (66% des emplois) et la source de revenu de 82 millions de personnes. Mais dans les zones rurales, où la majorité de la population vit de l'agriculture, la pauvreté a toujours des niveaux élevés. La croissance agricole pourrait aider à réduire la pauvreté en augmentant les revenus des agriculteurs, créant des emplois et réduisant les prix des produits alimentaires.

L'industrie[1] est ce qui permettra au continent africain de profiter pleinement de son potentiel de croissance. Les pays subsahariens francophones font face à un contexte complexe : capacités industrielles limitées et forte dépendance aux matières premières. En 2015, 71% des exportations de marchandises en Afrique sont des matières premières et le secteur industriel contribue très peu à la croissance économique de l'Afrique. Selon le rapport PWC[2], seulement 1,6% de la valeur ajoutée manufacturière au niveau mondial provient de l'Afrique.[4] Cette situation est source de la faiblesse économique des pays francophones et réduit leur compétitivité. Le défi est grand.

Le secteur tertiaire comprend les services d'assurances, de finance, d'infrastructure tels que les transports, l'électricité, la télécommunication etc.

Il contribue à la croissance économique (En Amérique du Nord, il représente jusqu'à 78% du PIB.)[5] et offre d'abondants emplois.

A l'échelle mondiale, le secteur des services en Afrique occupe une place marginale (seulement près de 2% des exportations totales) dans le commerce mondial. La raison est qu'en Afrique, les services n'ont pas le standard des normes mondiales. Les services d'infrastructure, en particulier le transport terrestre de marchandises, sont beaucoup plus chers et de moins bonne qualité en Afrique que dans les autres régions du monde. À titre exemple, un produit valant 100 $ à Abidjan coûtera 140 $ une fois transporté à Niamey ou encore plus cher d'acheminer un conteneur du Niger au Togo que de Singapour à Lomé. Aujourd'hui, malgré une augmentation soutenue du fret routier, le secteur peine à s'organiser.

Tableau 6–1　Répartition du réseau routier en Afrique francophone–2007 [6]

Régions africaines	Superficie km²	Routes bitumées en %
Afrique du Nord	9 301 385	64,1
Afrique Centrale	3 021 180	4,1
Afrique de l'Ouest	5 112 060	22,6

Néanmoins, certains pays ont développé leur secteur des services avec succès et fournissent même des services sur les marchés africains. Onze pays africains ont constamment été exportateurs nets de services depuis 2005[7] 3. Parmi lesquels, Djibouti est pour les industries des services portuaires et le voyage pour le Madagascar où le secteur tertiaire représente 60% du PIB.

Exercices

1. Quels sont les intérêts d'intégration économique pour les pays du Maghreb ?

2. Quel est le rôle d'industrie pour les pays francophones en Afrique ?

Vocabulaire

conjoncture *n.f.* 局面

récession *n.f.* 衰退

denrée *n.f.* 食品

catastrophique *adj.* 灾难性的

appauvrissement *n.m.* 贫穷化

budgétaire *adj.* 预算的

considérable *adj.* 巨大的

triple *adj.* 三个的

obstacle *n.m.* 障碍

intégration *n.f.* 一体化

aluminium *n.m.* 铝

consécutif, ve *adj.* 连续的

lusophone *adj.* 葡萄牙语的

de nouveau *adv.* 再一次

atteindre *v.* 达到

crucial, e *adj.* 关键的

recette *n.f.* 收入

diviser *v.* 分开

taux d'activité *n.* 就业率

chômage *n.m.* 失业

décennie *n.f.* 十年

performance *n.f.* 成绩

risquer *v.* 冒险

promouvoir *v.* 推动

perspective *n.f.* 前景

cajou *n.m.* 腰果

plaque tournante 枢纽

la source de revenu 收入

manufacturier, ère *adj.* 制造业

infrastructure *n.f.* 基础

provenir de *v.* 来自

Notes

1. Normalement, le secteur industriel comprend trois catégories d'industries: les industries extractives (mines, hydrocarbures et entreprises qui produisent des biens de nécessité comme l'eau, le gaz et l'électricité), les industries manufacturières et les entreprises qui interviennent dans la construction (bâtiments et travaux publics).

2. PwC est un réseau britannique d'envergure internationale d'entreprises spécialisées dans des missions d'audit, d'expertise comptable et de conseil privilégiant des approches sectorielles à destination des entreprises.

3. soit le Cap Vert, Djibouti, l'Égypte, l'Érythrée, le Kenya, Maurice, le

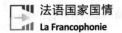
Maroc, la Namibie, les Seychelles, la Tunisie et la Tanzanie.

Références

[1] https://donnees.banquemondiale.org/?most_recent_value_desc=false

[2] https://www.cermf.org/lafrique-francophone-demeure-locomotive-croissance-afrique

[3] https://www.lesechos.fr/idees-debats/cercle/lafrique-subsaharienne-francophone-demeure-le-moteur-de-la-croissance-africaine-130540

[4] https://afrique.pwc.com/fr/actualites/etudes/realiser-durablement-le-potentiel-du-continent-africain.html

[5] http://afriqueexpansionmag.com/2020/04/07/le-role-crucial-du-commerce-des-services-dans-la-croissance-economique-africaine-lexemple-canadien/

[6] https://hal.archives-ouvertes.fr/hal-01116912/document

[7] http://afriqueexpansionmag.com/2018/01/16/le-secteur-desservices-ventre-mou-de-la-croissance-africaine/

6.2 Les secteurs clés

Objectifs

Connaître les secteurs clés dans certains pays francophones.

Connaître les défis du développement économique dans les pays francophones.

L'industrie automobile au Maroc

L'industrie automobile marocaine est devenue le pilier de l'économie nationale.

L'industrie automobile nationale a connu des développements positifs depuis le début des années 1960, avec la création de la première société d'assemblage et de construction automobile SOMACA. Au début, l'activité principale portait sur l'assemblage et le montage de véhicules à partir de pièces automobiles importées de l'étranger. Au milieu des années 1990, le secteur a étendu son activité à la fabrication des composants automobiles. A cette époque, le volume de production avoisinait 30 000 véhicules par an. Mais, depuis la mise en service de l'usine de Renault à Tanger, en 2012, le secteur a connu une nouvelle dynamique avec 430 000 unités en 2018 entre les deux sites de Tanger (340 000 unités) et de Casablanca (90 000 unités).

En 2019, 700 000 véhicules sont sortis des usines marocaines. Ce chiffre dépasse l'objectif prévu de 600 000 pour 2020. 90% de la production est exportée à l'étranger. En termes de répartition géographique, 80% est allée aux marchés européens, principalement vers la France (31%), l'Espagne (11%), l'Allemagne (9%) et l'Italie (9%).

Cette industrie dépasse désormais l'exportateur traditionnel du Maroc, à savoir le phosphate. Durant la période 2014–2019, elle a créé plus de 147 712 postes d'emplois. Plus de 250 acteurs nationaux et internationaux s'installent

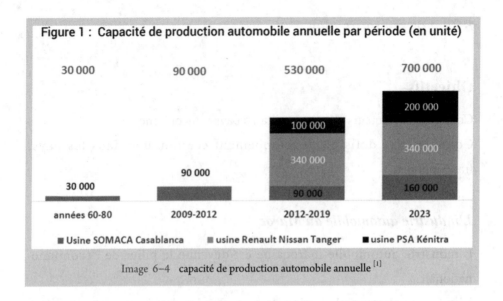

Figure 1 : Capacité de production automobile annuelle par période (en unité)

| 30 000 | 90 000 | 530 000 | 700 000 |

années 60-80 | 2009-2012 | 2012-2019 | 2023

30 000 | 90 000 | 100 000 / 340 000 / 90 000 | 200 000 / 340 000 / 160 000

■ Usine SOMACA Casablanca   ■ usine Renault Nissan Tanger   ■ usine PSA Kénitra

Image 6–4   capacité de production automobile annuelle [1]

au Maroc dont les groupes étrangers célèbres tels que RENAULT, SNOP, GMD, BAMESA, DELPHI et plus récemment PSA Peugeot Citroën. Il est devenu le premier hub de construction automobile sur le continent africain. Néanmoins il existe des menaces, notamment provenant de la France qui pourrait relocaliser en France la fabrication de certains véhicules. Et d'autre part, la consommation intérieure n'est pas à la hauteur de la productivité. Seulement 110 000 véhicules ont été vendus au Maroc depuis le début de l'année 2020.

L'agriculture de cacao en Côte-d'Ivoire

La culture du cacao a été introduite en Côte d'Ivoire à la fin du XIXe siècle (1895). Elle s'y est développée rapidement, surtout après l'indépendance en 1960. A partir du début des années 1970, le pays est devenu le premier producteur mondial, devant le Ghana. Tirée par une demande mondiale en hausse constante, la production nationale est passée de 550 000 tonnes en 1980 à plus de 2 millions de tonnes en 2018. Aujourd'hui, la Côte d'Ivoire

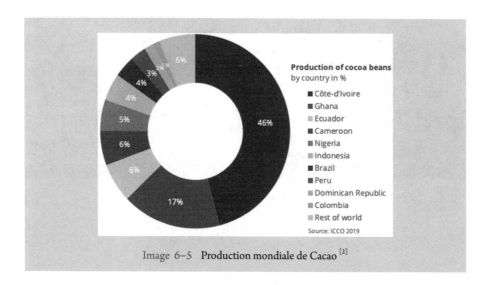

Image 6–5   Production mondiale de Cacao [2]

compte pour environ 46% de la production mondiale de cacao.

Mais, la part de la Côte d'Ivoire dans la valeur ajoutée globale de la filière est faible. Le pays ne compte qu'environ 5% de la valeur ajoutée totale de la

Le producteur type

• C'est un homme (96%), en moyenne âgé de 43 ans ;

• Seulement un producteur sur 10 est allé à l'école au–delà de l'enseignement primaire, et seulement 30% savent lire.

• Il vit dans une famille de 8 membres.

• Son revenu moyen est d'environ 1,7 million de FCFA par an (ou 3 000 $) et le cacao est sa principale source de revenu.

• La taille moyenne de son exploitation est autour de 5 hectares et la moitié de son verger a plus de 24 ans, avec un rendement moyen par hectare de 471 kg.

Source: AFD/Barry Callebaut, Cocoa farmers' agricultural practices and livelihoods in Côte d'Ivoire, 2016.

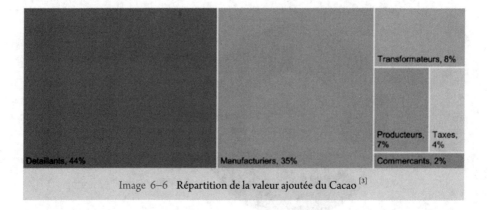

Image 6-6 Répartition de la valeur ajoutée du Cacao [3]

chaîne de valeur globale du cacao.

Presque 90% de cacao est produit par de petits agriculteurs. Une enquête du gouvernement en 2015 (qui est la dernière disponible) montre que 54,9% des producteurs de cacao consomment moins de 757 FCFA par jour sous le seuil de pauvreté. En résumé, cultiver l'or brun n'est pas une voie pour sortir de la pauvreté en Côte d'Ivoire.

La productivité est faible, autour de 450–550 kg par hectare au cours des 20 dernières années. L'augmentation des productions est faite par la destruction des forêts pour céder la place à la culture du cacao. Entre 1988 et 2007, 2,3 millions d'hectares de forêt ont disparu en Afrique de l'Ouest à cause de la culture du cacao.

Aujourd'hui, face à une demande mondiale en pleine évolution, aux changements climatiques, au développement technologique, la filière a besoin des réformes. D'abord, il faut lancer une révolution technologique pour accroître les rendements afin d'améliorer le revenu des producteurs. Ensuite, il faut développer l'industrie locale de transformation du cacao pour répondre à la demande locale, développer un label d'origine plus attractif pour les consommateurs.

Les industries minières en République Démocratique du Congo

La République démocratique du Congo dispose de riches et d'importantes ressources minières (cuivre, cobalt, or, diamants etc.). Le pays possède les plus importantes réserves de cobalt (une matière première stratégique pour la fabrication de batteries des automobiles et des smartphones), soit près de 50% du monde. C'est également un important producteur de cuivre (1ᵉ producteur africain, 5% de la production mondiale et le 5ᵉ au monde après le Chili, le Pérou, la Chine et les Etats–Unis). En plus, la RDC possède les 2ᵉ plus importantes réserves de diamants au monde, estimées de 150 millions de tonnes, soit 20,5% du total mondial.

Les ressources minières sont situées principalement dans l'est et dans le sud du pays.

Depuis la colonisation belge, l'économie est fortement tournée vers l'exportation, notamment grâce aux produits miniers. Le cobalt et le cuivre représentent plus de 80% des exportations du pays. Néanmoins, la valeur ajoutée de ce secteur reste médiocre. Le pays n'a développé aucune industrie de pointe. Par exemple, le cuivre est extrait en grandes quantités, mais il doit être exporté pour être traité, avant de revenir importé sous des formes finies (câbles, fils électriques…).

Tableau 6–2　Production annuelle 2016 [4]

Mine	Unité	2016
Cuivre	Tonne	1 021 634
Cobalt	Tonne	64 007
Diamant	1000 cts	17 152
Or	kg	22 648

L'industrie minière est un moteur de la croissance économique de RDC. Le plus grand enjeu du gouvernement depuis 2018, c'est la diversification des exploitations. En plus des exploitations du cobalt, du cuivre et du diamant, celle de l'or sera prise dans l'avenir. Puisque la RDC qui dispose de 10% des réserves aurifères mondiales connues, n'a pas ou peu débuté son exploitation.

Au Congo, il existe deux manières d'exploiter les mines : manière industrielle et artisanale. Les grandes sociétés produisent en masse, mais offrent relativement peu d'emplois. Quant au artisanat, il représente 20% de la production minière de la RDC et absorbe un grand nombre de mains-d'oeuvres. 10 millions de personnes dépendraient directement ou indirectement de cette activité. 119 coopératives minières sont réparties sur le territoire, en majorité dans les provinces du Katanga et Sud Kivu. Selon le Code Minier 2018, l'exploitant artisanal est autorisé à exploiter « toute substance minérale présente dans les zones d'exploitation artisanale (ZEA) définies par le Ministre des Mines ».

Les défis du secteur minier en RDC

Le secteur minier en RDC fait face à deux grands défis :

– Le manque d'énergie électrique.

Actuellement, certains minerais ne peuvent être transformés du fait de manque de production électrique. En raison de ce déficit d'électricité, la région minière du Katanga importe de l'électricité depuis la Zambie (110 MW)

Pour réduire le déficit énergétique du secteur, le Congo a réalisé un important projet le barrage de « Zongo II » (360 M$, 150 MW) et un autre, le barrage de Busanga a été inauguré en 2016.

– Les infrastructures terrestres non adaptées aux exportations.

Les principaux groupes industriels du secteur minier en RDC
– Tenke Fungurume Mining (Chine)
– Ivanohé (Canada)
– Sicomines (Chine)
– Kibali Goldmines (Afrique du Sud)

Pays semi enclavé, la RDC s'appuie sur les transports terrestres pour acheminer les produits minières. L'incompétence des infrastructures terrestres rendent les exportations difficiles.

En 2018, 1,6 milliard $, soit 37% des recettes de l'État sont fournis par le secteur minier. Les recettes du gouvernement subissent beaucoup de l'instabilité des cours des matières premières. Le déficit budgétaire est passé d'un quasi–équilibre en 2018 à un déficit de 2% du PIB en 2019, en raison de la hausse des dépenses et de la stagnation des recettes.

Le Tourisme à Madagascar

Isolé du continent africain depuis quelque 160 millions d'années, Madagascar est la 5ᵉ plus grande île du monde (après l'Australie, le Groenland, la Nouvelle–Guinée et Bornéo) avec une superficie de 587 014 km².

Madagascar dispose de divers atouts touristiques. Parmi lesquels le plus

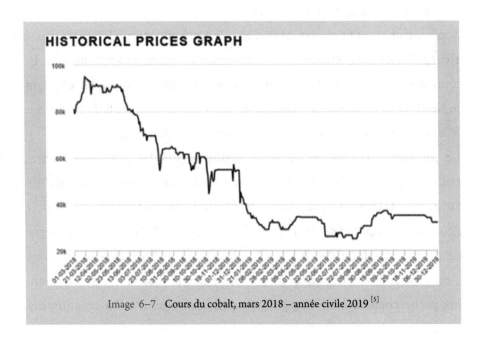

Image 6–7　Cours du cobalt, mars 2018 – année civile 2019 [5]

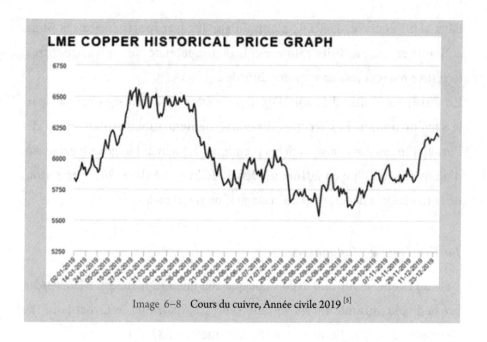

Image 6–8　Cours du cuivre, Année civile 2019 [5]

précieux, c'est le patrimoine naturel. La faune et la flore de Madagascar sont les mieux préservées au monde. En 2010, une expédition des scientifiques a découvert plus de 80 nouvelles espèces.

Son tourisme se fait sur les deux axes : le tourisme culturel et le tourisme sportif. Le tourisme culturel se concentre sur les parcs naturels du pays. Le tourisme sportif comprend le sport nautique, le kitesurf et le windsurf, dans le Nord du Pays. La saison annuelle de vent dure de fin mars à fin novembre. Elle figure parmi les plus longues et les plus fortes au monde.

Le tourisme est une des activités économiques les plus importantes pour Madagascar. Il est une des premières sources de devises du pays. En 2018, 300 000 touristes ont visité l'île. L'arrivée de ces touristes a apporté à l'économie malgache des recettes de 748,29 millions $. Grâce à la campagne de promotion de la destination Madagascar, la croissance touristique s'est poursuivie. Pour diversifier l'offre touristique, le gouvernement malgache cherche à développer de nombreux produits. La création des clubs touristiques, la mise en place des hôtels de luxe, la modernisation des transports aériens etc. Tout s'oriente vers un objectif ambitieux : attirer 500 000 touristes par an d'ici à l'horizon 2024.

Exercices

1. Choisissez un pays d'Afrique francophone et essayez de présenter son économie, ses points forts et faibles.
2. Quels sont les impacts des changements climatiques sur l'agriculture ?

Vocabulaire

pilier *m.* 支柱

montage *n.m.* 组装

composant *n.m.* 零件

dépasser *v.* 超过

dirhams *n.m.* 迪拉姆（摩洛哥货币）

phosphate *n.m.* 磷酸盐

renommé, e *adj.* 知名的

part *n.f.* 份额

filière *n.f.* 分支

FCFA 非洲法郎

rendrement *n.m.* 收成

seuil *n.m.* 门槛

label *n.m.* 品牌

disposer *v.* 拥有

diamant *n.m.* 钻石

batterie *n.f.* 电池

exploré *adj.* 开发的

aurifère *adj.* 含金的

absorber *v.* 吸收

atout *n.m.* 优势

flore *n.f.* 植物

kitesurf *n.m.* 风筝冲浪

devise *n.f.* 外汇的

assemblage *n.m.* 装配

répartition *n.f.* 分布

hub *n.m.* 枢纽

provenir *v.* 来自

conforter *v.* 增强

compter *v.* 占有

valeur ajoutée 附加值

au–delà de *adv.* 超过，越过

verger *n.m.* 果园

ménage *n.m.* 家庭

en résumé 总结

céder *v.* 让位

cobalt *n.m.* 钴

cuivre *n.m.* 铜

médiocre *adj.* 不足

traité, e *adj.* 处理

artisanal, e *adj.* 手工的

déficit *n.m.* 赤字

inaugurer *v.* 启动

nautique *adj.* 水上的

windsurf *n.m.* 风帆冲浪

malgache *adj.* 马达加斯加的

Références

[1] https://www.finances.gov.ma/Publication/depf/2020/Etude-industrie-automobile.pdf

[2] https://www.kakaoplattform.ch/fr/la–plate–forme–suisse–du–cacao–durable/a–propos–du–cacao/faits–et–chiffres–sur–le–cacao

[3] https://www.banquemondiale.org/fr/country/cotedivoire/publication/cote-divoire-economic-outlook-why-the-time-has-come–to–produce–cocoa–in–a–responsible–manner

[4] https://www.tresor.economie.gouv.fr/Pays/CD/le–secteur–minier–en–rd–congo

[5] https://www.tresor.economie.gouv.fr/Pays/CD/le–secteur–minier–en–rd–congo

6.3 Relations économiques extérieures

Objectifs

Connaissances générales sur les relations économiques extérieures des pays francophones du continent africain, notamment leurs relations économiques avec la Chine.

Les pays africains maintiennent toujours de bonnes relations économiques et commerciales avec la Chine, surtout grâce au Forum sur la coopération sino–africaine. Il existe également des organisations intergouvernementales africaines afin de renforcer la coordination économique régionale, dont la Communauté économique des États de l'Afrique de l'Ouest représente une des plus importantes.

Forum sur la coopération sino-africaine

Fondation Le Forum sur la coopération sino–africaine (FCSA), créé en 2000, a pour objectif de renforcer la collaboration amicale entre la Chine et les pays africains, de faire face aux défis de la mondialisation économique et d'aboutir à un développement commun[1]. Il est fondé sur l'initiative commune de la Chine et de l'Afrique, suite à la Conférence ministérielle qui a eu lieu du 10 au 12 octobre 2000 à Beijing.

Membres Les membres du FCSA sont la République populaire de Chine, les 53 pays africains ayant des relations diplomatiques avec la Chine et la Commission de l'Union africaine[2]. Parmi les membres africains, on compte une vingtaine de pays francophones tels que Algérie, Bénin, Burkina Faso, Comores, Côte d'Ivoire, République de Djibouti, etc.

Forums Selon le site officiel du FCSA, les conférences du forum ont pour but de « mener des consultations sur un pied d'égalité, d'approfondir la connaissance mutuelle, d'élargir les terrains d'entente, de renforcer l'amitié et de promouvoir la coopération ». Depuis la première conférence ministérielle du Forum sur la Coopération sino-africaine en 2000, les conférences ministérielles se sont tenues tous les trois ans, soit en Chine, soit dans un pays africain. Le dernier sommet a eu lieu en novembre 2021, à Dakar, capitale du Sénégal. Aujourd'hui, le FCSA est devenu une plate-forme essentielle de dialogue et un mécanisme efficace de coopération entre la Chine et les pays africains, qui donne un bon exemple de la coopération Sud-Sud[3].

Résultats Jusqu'à présent, les sommets du Forum sur la Coopération sino-africaine ont été organisés avec un grand succès et ont donné des résultats fructueux. La Chine et l'Afrique ont renforcé leurs échanges politiques, économiques et culturels. Sur le plan économique, les chiffres de commerce bilatéral n'ont cessé d'augmenter avec stabilité, les coopérations économiques et commerciales ont été beaucoup élargies, l'investissement de la Chine envers l'Afrique a largement accru, de nombreuses constructions ont été réalisées par la Chine en Afrique.

Communauté économique des États de l'Afrique de l'Ouest

Fondation Créée en 1975, la Communauté économique des États de l'Afrique de l'Ouest (CEDEAO) est une organisation intergouvernementale ouest-africaine. En tant que la plus grande organisation de coopération économique régionale des pays en voie de développement de l'Afrique, elle a pour but de promouvoir le développement et la coopération politique, économique, sociale et culturelle entre les pays membres, d'améliorer le niveau de vie des peuples, de renforcer les relations mutuelles et de contribuer aux progrès et au développement du continent africain. Elle a aussi pour objectif de créer une union économique et monétaire ouest-africaine. À part les objectifs économiques, elle vise également à maintenir la paix.

Membres La CEDEAO regroupe 15 pays (voir l'image 6-23). Membre observateur depuis l'année 2005, le Maroc a déposé une demande d'adhésion auprès de la CEDEAO en 2017 après son retour au sein de l'Union africaine après 32 ans d'absence. La Mauritanie a quitté la CEDEAO en 2000, mais elle a signé un accord d'association avec l'organisation en 2017, donc la Mauritanie est officiellement membre associé de la CEDEAO.

Vers une monnaie unique Parmi les 15 États membres de la CEDEAO, 8 États utilisent le franc CFA, ils sont : Bénin, Burkina Faso, Côte d'Ivoire, Guinée-Bissau, Mali, Niger, Sénégal et Togo. Les 7 autres pays ont leur propre monnaie qui ne peut pas être librement échangée. Lors du 55e sommet des chefs d'États ouest-africains, la décision a été prise qu'une monnaie commune appelée Eco sera lancée dès l'année 2020. Sous l'influence de la pandémie du Covid-19, le projet de l'utilisation d'Eco a dû retardé. Une fois mise en œuvre, cette monnaie unique couvrira une population de 385 millions dans 15 pays.

Résultats La CEDEAO a créé des infrastructures régionales en matière de transport (notamment la perfection du réseau d'autoroutes), de télécommunication et d'énergie (électricité, gazoduc, énergies renouvelables comme les énergies solaire et éolienne). Elle a également fait des projets pour protéger l'environnement tels que la gestion des ressources d'eau. D'ailleurs, la CEDEAO a renforcé la coopération entre les pays dans les domaines de culture, de tourisme, de sécurité régionale, etc.

La politique commerciale de la région est essentiellement axée sur le renforcement des exportations vers les États membres et vers le reste du monde. Les hydrocarbures (75%), le cacao et les aliments à base de cacao (5%), les pierres précieuses (3%) et le coton, les fruits, les plastiques, le bois et les produits ligneux, le poisson et les crustacés (environ 1%) sont les principaux produits d'exportation de la Communauté économique des États de l'Afrique de l'Ouest[1].

La Chine maintient de bonnes relations coopératives avec les États membres de la CEDEAO et leur a offert des aides considérales sur le plan économique comme sur le plan sécuritaire. On envisage un grand potentiel et une bonne perspective de collaboration dans les domaines de transport, d'énergie, de télécommunication, etc.

Annexe

Fiches pays–commerce extérieur[2]

Tunisie (Afrique du Nord)	
Importations de biens *(millions $)*	21 555 *(Source : OMC, 2019)*
Exportations de biens *(millions $)*	14 933 *(Source : OMC, 2019)*
Commerce extérieur *(en % du PIB)*	110,5 *(Source : Banque Mondiale, 2019)*
Principaux fournisseurs 2019 *(% des importations)*	Italie (15,4%), France (14,2%) , Chine (9,5%), Allemagne (6,8%), Algérie (6,6%) *(Source : Comtrade⁴)*
Principaux clients 2019 *(% des exportations)*	France (29,1%), Italie (16,2%), Allemagne (12,8%), Espagne (3,8%), Libye (3,6%) *(Source : Comtrade)*
Principaux produits importés en 2019	Huiles de pétrole ou de minéraux bitumineux (9,1%) Gaz de pétrole et autres hydrocarbures gazeux (6,9%) Voitures de tourisme et autres véhicules (2,8%) Appareillage pour la coupure, le sectionnement, etc (2,4%) Froment [blé] et méteil (2,1%) *(Source : Comtrade)*
Principaux produits exportés en 2019	Fils, câbles isolés... (13,2%) Huiles brutes de pétrole ou de minéraux bitumineux (4,1%) Survêtements de sport 'trainings', combinaison... (3,7%) Costumes ou complets, ensembles, vestons... (3,5%) Huile d'olive et ses fractions (3,1%) *(Source : Comtrade)*

Bénin (Afrique de l'Ouest)	
Importations de biens *(millions $)*	4 116 *(Source : OMC, 2019)*
Exportations de biens *(millions $)*	3 363 *(Source : OMC, 2019)*
Commerce extérieur *(en % du PIB)*	63,7 *(Source : Banque Mondiale, 2019)*
Principaux fournisseurs 2019 *(% des importations)*	Inde (13,7%),Chine (11,1%), Togo (10,9%), France (8,8%), Thaïlande (5,4%) *(Source : Comtrade)*
Principaux clients 2019 *(% des exportations)*	Bangladesh (26,9%), Inde (14,2%), Vietnam (10,4%), Chine (7,4%), Nigéria (5,7%) *(Source : Comtrade)*
Principaux produits importés en 2019	Riz (19,6%) Huiles de pétrole ou de minéraux bitumineux... (12,5%) Énergie électrique (4,8%) Huile de palme et ses fractions... (4,2%) Médicaments (3,7%) *(Source : Comtrade)*
Principaux produits exportés en 2019	Coton, non cardé ni peigné (53%) Noix de coco, noix du brésil, noix de cajou... (9,0%) Graines et fruits oléagineux (6,6%) Costumes ou complets, ensembles, vestons... (3,5%) Huile d'olive et ses fractions (3,1%) *(Source : Comtrade)*

Burundi (Afrique centrale)	
Importations de biens *(millions $)*	887 *(Source : OMC, 2019)*
Exportations de biens *(millions $)*	180 *(Source : OMC, 2019)*
Commerce extérieur *(en % du PIB)*	41,9 *(Source : Banque Mondiale, 2019)*
Principaux fournisseurs 2019 *(% des importations)*	Chine (15,4%), Arabie saoudite (15,2%), Inde (7,9%), Emirats Arabes Unis (6,9%), Tanzanie (5,5%) *(Source : Comtrade)*
Principaux clients 2019 *(% des exportations)*	Emirats Arabes Unis (39,0%), République Démocratique du Congo (11,0%), Pakistan (6,1%), Suisse (5,7%), Allemagne (3,6%) *(Source : Comtrade)*
Principaux produits importés en 2019	Huile de pétrole ou de minéreux bitumineux (18,1%) Ciments hydrauliques... (12,5%) Médicaments (5,0%) Voitures de tourisme et autres véhicules... (4,1%) Froment [blé] et méteil (3,5%) *(Source : Comtrade)*
Principaux produits exportés en 2019	Or (37%) Café, coques... (20,9%) Thé (12,2%) Farines de froment [blé] ou de méteil (5,7%) Minerais de niobium, de tantale, de vanadium... (5,6%) *(Source : Comtrade)*

Madagascar (Océan Indien)	
Importations de biens *(millions $)*	3 927 *(Source : OMC, 2019)*
Exportations de biens *(millions $)*	2 640 *(Source : OMC, 2019)*
Commerce extérieur *(en % du PIB)*	59,8 *(Source : Banque Mondiale, 2019)*
Principaux fournisseurs 2019 *(% des importations)*	Chine (17,5%), France (12,8%), Emirats Arabes Unis (9,1%), Inde (6,9%), Afrique du Sud (5,3%) *(Source : Comtrade)*
Principaux clients 2019 *(% des exportations)*	France (20,2%), Etats–Unis (19,8%), Chine (6,3%), Japon (6,2%), Allemagne (5,3%) *(Source : Comtrade)*
Principaux produits importés en 2019	Huile de pétrole ou de minéreux bitumineux (14,3%) Riz (3,3%) Médicaments (2,9%) Véhicules automobiles (2,1%) Voitures de tourisme et autres véhicules (1,9%) *(Source : Comtrade)*
Principaux produits exportés en 2019	Vanille (21,7%) Nickel sous forme brute (16,8%) Chandails, pull–overs, cardigans, gilets (4,4%) Mattes de cobalt et autres produits intermédiaires (3,8%) Crustacés, comestibles, même décortiqués, vivants,... (3,8%) *(Source : Comtrade)*

Exercices

1. Recherchez des informations sur l'Union africaine et en faites une présentation.

2. Choisissez un pays africain francophone et explorez ses échanges économiques avec la Chine.

Vocabulaire

forum *n.m.* 论坛，研讨会

renforcer *v.t.* 加强，强化

défi *n.m.* 挑战

mondialisation *n.f.* 全球化

initiative *n.f.* 首创，发起

ministériel, le *adj.* 部长的

mutuel, le *adj.* 相互的，双方的

plate-forme *n.f.* 平台

frustueux, se *adj.* 有成果的

stabilité *n.f.* 稳定性

investissement *n.m.* 投资

intergouvernemental, ale *adj.* 政府
　　间的

en tant que... 作为

régional, ale *adj.* 区域性的

en voie de 正在

monétaire *adj.* 货币的

adhérer (+à) *v.t.indir.* 加入，参加

observateur, trice *n.* 观察者，观察员

infrastructure *n.f.* 基础设施

renouvelable *adj.* 可更新的；可再生的

solaire *adj.* 太阳的

éolien, ne *adj.* 风能的，风动的

sécuritaire *adj.* 安全的

perspective *n.f.* 前景

biens *m.pl.* 财产；产业；动产；资产

fournisseur, se *n.* 供应商，供货商

brut, e *adj.* 天然的，未加工的

combinaison *n.f.* 上衣连裤的服装

ensemble *n.m.* 女士套装

fraction *n.f.* 部分

palme *n.f.* 棕榈树，棕榈叶

peigné, e *adj.* [纺织] 精梳（过）的

graine *n.f.* 种子

oléagineux, se *adj.* 油质的；含油的

ciment *n.m.* 水泥

farine *n.f.* 面粉

vanille *n.f.* 香草香料

intermédiaire *adj.* 中间的，居间的

comestibles *n.m.pl.* 食物，食品

Notes

1. 中非合作论坛（法语简称 FCSA）成立于 2000 年，其初衷是为了加强中非之间的友好合作，共同应对经济全球化挑战，谋求共同发展。（资料来源：http://www.focac.org/）

2. la Commission de l'Union africaine：非洲联盟委员会，是非洲联盟的权

力执行机构，总部位于埃塞俄比亚首都亚的斯亚贝巴。

3. 如今，中非合作论坛已经成为中国和非洲国家之间的重要对话平台和有效合作机制，这也是南南合作的一个典范。（参考资料：Aurégan, Xavier, « FOCAC. Les enjeux du Forum de coopération Chine–Afrique », Diploweb, 2015）

4. comtrade：联合国商品贸易数据库。

Références

[1]　https://www.ecowas.int/faire-des-affairesdans-la-cedeao/import-export/

[2]　https://import-export.societegenerale.fr/

Chapitre VII
Portraits divers des pays africains francophones

Contrat de travail

Après les études de ce chapitre, vous devez :

- Connaître les principales attractions touristiques d'un pays africain : le Maroc.
- Savoir les habitudes alimentaires et des gastronomies typiques de quelques régions francophones du continent africain.
- Avoir des connaissances générales sur les aspects culturels de l'Afrique francophone : la musique, la littérature, la lutte sénégalaise...

Les pays francophones, répandus dans les quatre coins du monde, se caractérisent par une diversité de paysages, de coutumes et de traditions. Les habitants francophones adoptent de différentes manières de se nourir, se vêtir, se loger et se déplacer. Ils gardent des particularités à eux tout en partageant cette langue commune qui est la langue française. Dans ce chapitre, nous allons faire un bref voyage au Maroc, avant de découvrir les gastronomies typiques et des aspects culturels des pays francophones du continent africain.

7.1   Voyager au Maroc

Objectif

Panorama des attractions touristiques du Maroc.

Le Maroc est un pays du Maghreb. Situé au nord-ouest de l'Afrique, cet État côtier est un des meilleurs choix des Européens pour passer des vacances, et il attire de plus en plus de visiteurs du monde entier. La célèbre « ville bleue » : Chefchaouen, la splendide Mosquée Hassan II, les belles maisons rouges de Marrekech, l'immense désert du Sahara... Le charme du Maroc réside dans ses aspects exotiques et la diversité de ses paysages.

Chefchaouen

Chefchaouen se trouve au nord-ouest du Maroc, c'est une des villes marocaines les plus visitées par les voyageurs. Le tourisme y représente un secteur important. Ici, la plupart des habitations, des escaliers et des murs sont peints en couleur de bleu, ce qui nous évoque un monde de conte de fées. Située dans l'immense vallée, loin des bruits de grandes villes, avec l'air frais de la Méditerranée et des ruelles tranquilles, Chefchaouen est sans aucun doute une destination de vacances idéale.

Casablanca

Réputée par le célèbre film Casablanca[1], cette ville se considère comme le « jardin de l'Afrique du Nord ». Située au bord de l'océan Atlantique, elle est à la fois une ville historique reconnue, le plus grand port du pays, le centre de l'économie et du transport. La splendide Mosquée Hassan II, avec une hauteur de 200 m, est une des plus grandes mosquées de l'Afrique.

Marrakech

Marrakech est la troisième plus grande ville du Maroc et le centre politique du Sud. Elle est reconnue au monde comme la « ville rouge ». Avec son climat doux, sa végétation luxuriante, ses nombreux monuments historiques et jardins exotiques, elle est considérée comme une « perle du Sud du Maroc ». Sur la célèbre place jemma Fna, on peut admirer les belles vues de nuit, la mystérieuse danse de serpent et déguster les gastronomies typiquement marocaines.

Exercices

1. Choisissez un pays francophone, recherchez des informations sur Internet et en faites un projet de voyage.
2. Présentez un site touristique d'une destination francophone.

Vocabulaire

touristique *adj.* 游览的，旅游的

gastronomie *n.f.* 美食

coutume *n.f.* 习惯，习俗，惯例

panorama *n.m.* 全景；概况

côtier, ère *adj.* 沿海的，海岸的

Chefchaouen *n.* 舍夫沙万

la Mosquée Hassan II 哈桑二世
　　清真寺

Marrakech *n.* 马拉喀什

exotique *adj.* 外来的；异国情调的

conte de fées *n.m.* 童话

vallée *n.f.* 山谷，河谷；谷地

Méditerranée *n.f.* 地中海

ruelle *n.f.* 小街，小巷，胡同

Casablanca *n.* 卡萨布兰卡

luxuriant, e *adj.* 繁茂的，茂盛的

perle *n.f.* 珍珠

Notes

1. 《卡萨布兰卡》，又译作《北非谍影》，是一部上映于 1942 年的爱情电影，获第 16 届奥斯卡最佳影片、最佳导演、最佳剧本三项大奖。在 2007 年美国好莱坞编剧协会评选出的"史上 101 部最伟大的电影剧本"中，该片排名第一。

2. la place jemma Fna：贾马夫纳广场，是非洲乃至世界上最繁忙的广场之一，这里有杂技演员、耍蛇人、音乐人、手工艺人等等。到了晚上，这里就是最繁华的夜市，人们在这里可以品尝到各种食品摊点上的美味。

7.2   Gastronomie aux pays francophones

Objectif

Connaissances générales sur les habitudes alimentaires de différentes régions francophones ainsi que leurs gastronomies typiques.

Gastronomie des pays maghrebins

La cuisine des pays du Maghreb varie selon les régions et est influencée par les différences géographiques, politiques, sociales, économiques et culturelles. On y compte des plats très connus au monde comme le couscous et le tajine. Pendant ces derniers siècles, la cuisine du Maghreb a reçu des influences venus des commerçants, des voyageurs, des envahisseurs, des migrants et des immigrants, etc. La diversité des cultures fait de la cuisine du Maghreb une gastronomie riche en saveurs.

Couscous[1] Le couscous est l'une des gastronomies typiques du Maghreb et il est issu de la cuisine berbère. Le mot « couscous » désigne à la fois une semoule de blé dur préparée à l'huile d'olive, et un plat fait à base de couscous, de légumes, d'épices, d'huile d'olive et de viande (de l'agneau ou du poulet par exemple) ou de poisson. Il est non seulement la cuisine traditionnelle du Maghreb, mais aussi l'emblème des cuisines juives d'Afrique du Nord, de la cuisine africaine et du régime méditerranéen. De plus, le couscous est également très populaire en France, et il a été élu comme un des plats préférés des Français.

Tajine[2] Hors le couscous, le tajine est aussi un plat emblématique du Maghreb, qui est également à l'origine de la cuisine berbère. Son nom désigne le pot avec lequel on prépare ce plat. Ce genre de pots sont fabriqués en terre cuite, dont certains peuvent résister à la haute température de cuisson, tandis que d'autres sont plus décoratifs et réservés uniquement pour le service. Le plat de tajine est normalement un mélange de viande ou de poisson avec des légumes ou des fruits secs, cuit avec des épices, selon les choix du cuisinier. On dit qu'au Maroc, tout le monde a sa propre recette de tajine, en y mettant tous les ingrédients qui lui plaît.

Épices Lorsque l'on parle de la cuisine du Maghreb, les épices sont un sujet incontournable. Les épices et les cuisines algérienne, marocaine et tunisienne, c'est comme une véritable histoire d'amour. Les pays du Maghreb utilisent traditionnellement les épices dans presque tous les plats, du salé au sucré, que ce soit couscous, tajine ou gâteaux arabes. Curcuma, safran, piment, poivre noir, anis... c'est la magie qui rendent les mets délicieux[3].

Si les épices jouent un rôle essentiel dans la cuisine du Maghreb, c'est qu'elles donnent de différentes saveurs et couleurs aux plats diversifiés, et qu'elles aident à la digestion et donnent plus de plaisir aux repas. En fait, la cuisine du Maghreb appartient à la catégorie des cuisines méditerranéennes, qui est réputée pour ses bienfaits sur l'humeur et la santé.

Gastronomie du Sénégal

La cuisine sénégalaise est influencée par la cuisine française du fait que le Sénégal a été une colonie de France, mais elle est aussi influencée par les cuisines d'Afrique du Nord et du Portugal. En effet, la cuisine sénégalaise est l'une des plus riches d'Afrique de l'Ouest. État côtier, les fruits de mer y sont abondants. Le riz est une nourriture de base des Sénégalais, le millet et le couscous apparaississent également dans beaucoup de plats.

Les plats sénégalais sont généralement préparés à base de riz, souvent accompagnés de poisson, de viande de mouton ou de poulet. Un des plats très communs est le poulet Yassa, qui est originaire de Casamance, région du sud-ouest du pays. Au Sénégal, c'est un plat convivial. On peut le trouver dans la rue, sur la table des repas en famille ou avec des amis. Sa particularité est sa marinade qui lui donne son goût relevé.

Gastronomie de Madagascar

Due à leur relation coloniale dans l'histoire, la cuisine malgache a été influencée par celle de France. Les ports de Madagascar ont changé et enrichi sa cuisine. Par exemple, actuellement, dans certaines régions du pays, on trouve facilement les samosas dans la rue. Île de l'océan Indien, Madagascar profite de nombreux fruits de mer pour préparer ses plats. Le riz est l'ingrédient de base dans beaucoup de plats. À Madagascar, le bœuf est une des viandes les plus mangées. Et pourtant, les fruits de mer restent la principale source de protéines pour la plupart des régions littorales.

Exercices

1. Présentez les habitudes alimentaires d'un pays francophone à votre choix.
2. Explorez les rites sur table de différents pays francophones.

Vocabulaire

épice *n.f.* 香料

berber, ère *adj.* 柏柏尔人的

semoule *n.f.* 粗面粉

agneau *n.m.* 羔羊，羔羊肉

régime *n.m.* 饮食制度；特定食谱

cuisson *n.f.* 烧，煮

décoratif, ve *adj.* 装饰性的

recette *n.f.* 烹饪法，烹调法；制法

incontournable *adj.* 无法回避的

digestion *n.f.* 消化

humeur *n.f.* 性格，脾气；心情，情绪

outre-mer *loc.adv.* 海外

disponible *adj.* 可自由处理（使用）的

millet *n.m.* 黍；稷

mouton *n.m.* 绵羊；羊肉

convivial, e *adj.* 宴饮交际的

marinade *n.f.* 腌泡汁，醋渍汁

relevé, e *adj.* 浓味的，辣味的

protéine *n.f.* 蛋白质

littoral, e *adj.* 沿海的，海滨的

Notes

1. couscous：中文一般译作古斯米、古斯古斯或库斯库斯，形状和颜色都很像小米，是一种源自马格里布柏柏尔人的食物。

2. tajine：中文一般译作塔吉锅或尖盖锅烩肉，tajine 是用来盛装这道菜的容器名称，它和古斯米都是传统的北非美食。

3. 姜黄粉、番红花、辣椒粉、黑胡椒、八角茴香……香料的魔力使得马格里布特色菜美味可口。

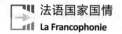
7.3   Aspects culturels des pays francophones

Objectif

Connaissances générales sur les aspects culturels divers de l'Afrique francophone : la musique, la littérature et la lutte sénégalaise.

La Musique africaine

Dans les sociétés africaines rurales, la musique se présente partout : il n'y a pas un seul moment important de la vie qui ne s'accompagne pas de chants et de danses. Avec une cinquantaine de pays et une grande diversité culturelle, le continent africain est le berceau de différents genres de musiques et d'instruments. La musique africaine évolue avec les activités humaines et se développe face au processus de modernisation des sociétés. Actuellement, la musique africaine est de plus en plus écoutée par les gens de différents continents. L'Afrique est maintenant considérée comme un nouvel eldorado du marché musical. Comprendre la musique d'Afrique, c'est découvrir sa richesse culturelle.

Musique traditionnelle africaine

La musique traditionnelle africaine, ce n'est pas une musique primitive, moins évoluée ou moins populaire. En fait, la musique traditionelle africaine est dynamique et continue d'évoluer au même titre que les nouveaux genres populaires.

Dans beaucoup de pays africains, les musiques sont toujours rattachées à différentes fêtes et aux événements précis. C'est-à-dire en Afrique, la musique traditionnelle a une fonction spécifique et elle sert à une certaine activité. Elle pourrait accompagner les travaux de tous les jours tels que les récoltes et la chasse, ou le bercement d'un enfant. C'est aussi un moyen d'expression, de dire ses joies ou ses peines, et de fêter toutes les grandes occasions de la vie (naissance, mariage, baptême...) Il faut noter que la musique africaine est de tradition orale, c'est-à-dire elle se transmet oralement de génération en génération.

Musique moderne africaine

La musique moderne africaine est très variée. Les styles populaires au monde, tels que world music, hip-hop et jazz, existent dans tous les pays africains. Si beaucoup de musiques arrivent difficilement à percer dans le reste du monde, quelques genres musicaux ont connu un réel succès mondial comme Afrobeat et la rumba[1].

De nos jours, la musique africaine est marquée par de nouveaux chanteurs tels que les P-Square, Davido, Timaya, qui font des musiques plus dansantes[2].

Instruments africains

La musique africaine est souvent accompagnée d'instruments. Les instruments africains sont divisés en quatre familles :
- **les membranophones :** instruments de la famille des percussions avec une peau (le djembé)
- **les idiophones :** instruments de la famille des percussions sans peau (le balafon)
- **les cordophones :** instruments à cordes (la kora)
- **les aérophones :** instruments à vent (la flûte mandingue)[3]

La Littérature africaine de langue française

La littérature africaine de langue française à l'écrit remonte au début du

XXe siècle. Elle joue un rôle important non seulement dans la littérature africaine, mais aussi dans la littérature mondiale. Dans l'histoire, la France avait beaucoup de colonies dans l'Afrique du Nord, l'Afrique centrale et l'Afrique de l'Ouest, parmi lesquels Algérie, Maroc, Tunisie, Sénégal, Mali, Côte d'Ivoire, Togo, Maurice, etc. Les trois pays du Magrheb contribuent beaucoup à la littérature africaine de langue française. Après l'année 1946, et surtout au début des années 1950, les écrits littéraires sur les mouvements de libération nationale ont multiplié. L'Afrique de l'Ouest et l'Afrique centrale font naître un grand nombre d'excellents écrivains dans les domaines de poésie, de théâtre et de romans. Les littératures sénégalaise et camerounaise sont les plus traduites parmi les œuvres littéraires africaines de langue française, et elles y exercent une influence profonde.

Léopold Sédar Senghor[4]

Léopold Sédar Senghor (1906–2001) est un poète et un homme d'État sénégalais. Il est l'un des principaux porte-parole de la Négritude. Auteur d'*Anthologie de la nouvelle poésie nègre et malgache de langue française*[5] (1948), il affirme la « simple reconnaissance du fait d'être noir, et l'acceptation de ce fait, de notre destin de Noir, de notre histoire et de notre culture ». Fervent défenseur du fédéralisme pour les États africains, il devient le premier président du Sénégal de 1960 à 1980. Avant l'indépendance du Sénégal, il a été ministre en France.

Chantre actif de la Francophonie, il est aussi le premier Africain à entrer à l'Académie française[6] en 1983. Il est considéré aujourd'hui comme l'un des plus grands poètes africains. Ses principaux ouvrages sont *Histoires noires* (1948) et *Éthiopiques* (1956).

Assia Djebar[7]

Assia Djebar (1936–2015) est une écrivaine algérienne qui écrit en langue française. Non seulement a–t–elle créé des romans, des nouvelles, des poésies, des essais et des pièces de théâtre, mais elle a aussi réalisé plusieurs films. Son œuvre porte sur l'histoire algérienne, l'émancipation des femmes et la violence. Considérée comme auteur majeur du Maghreb, elle a reçu de nombreux prix et a été élue à l'Académie française en 2005. Parmi ses ouvrages les plus importants, on compte *La Soif* (1956), *Les Enfants du Nouveau Monde* (1962), *L'Amour, la fantasia* (1985), *Nulle part dans la maison de mon père* (2007).

Aujourd'hui, l'œuvre d'Assia Djebar est traduite en une vingtaine de langues. Ses ouvrages interrogent l'Histoire et les destins de femmes dans les sociétés musulmanes. Assia Djebar est le premier auteur du Maghreb à devenir membre de l'Académie française. C'est la cinquième femme à y siéger depuis l'élection de Marguerite Yourcenar[8] en 1981 et la seconde personnalité africaine après Léopold Sédar Senghor en 1983.

La lutte sénégalaise

Au Sénégal, la lutte est un sport traditionnel très populaire. La lutte sénégalaise est un sport de contact et elle intègre aussi la boxe, c'est pourquoi elle est appelée la « lutte avec frappe ». Actuellement, la lutte sénégalaise est devenue un sport professionnel et elle attire de plus en plus de jeunes sportifs et de spectateurs. Les combats considérés comme de grands événements sportifs, ils mobilisent les médias et l'attention de la grande population. En fait, la lutte sénégalaise emprunte d'une tradition religieuse, de danse, de combat et de musique. Ainsi, connaître le combat de lutte sénégalaise, c'est comprendre la culture de ce pays.

A l'origine, les combats de lutte opposent deux villages, rassemblés autour de leurs guerriers, à la fin de la saison des pluies, lorsque les pêches et les récoltes furent abondantes. C'est une fête, où chacun montre sa force et mesure son adresse. Avec le temps, la lutte sénégalaise devient davantage un sport de frappe et se professionnalise. Aujourd'hui, les écuries s'opposent et non plus les villages[9].

Tout au long de l'année, il y a des combats qui se déroulent, mais c'est surtout réservé pour le samedi et le dimanche. Les rencontres les plus populaires ont lieu le 1er janvier au Stade Léopold–Sédar–Senghor de Dakar et le 4 avril, date anniversaire de l'accession à l'indépendance du Sénégal.

Exercices

1. Choisissez une pièce musicale ou une chanson africaine et la présentez.
2. Explorez les habits traditionnels africains.

Vocabulaire

eldorado *n.m.* 乐园

primitif, ve *adj.* 原始的；最初的

spécifique *adj.* 特殊的，特有的，

bercement *n.m.* 轻摇；摇篮

oralement *adv.* 口头上

percer *v.i.* 显露；开始出名

porte-parole *n.m.inv.* 代言人

négritude *n.f.* 发扬黑人文艺传统运动

fervent, e *adj.* 虔诚的；热心的，
  热情的

défenseur, se *adj.* 保卫者，捍卫者

fédéralisme *n.m.* 联邦制，联邦主义

chantre *n.m.* 称赞者，颂扬者

nouvelle *n.f.* 短篇小说，中篇小说

essai *n.m.* 随笔

émancipation *n.f.* 解放，获得自由

lutte *n.f.* 搏斗；斗争；竞争

intégrer *v.t.* 纳入，归并入

boxe *n.f.* 拳击，拳术

frappe *n.f.* 击拳

combat *n.m.* 格斗

mobiliser *v.t.* 动员；调动，发挥

emprunter *v.t.* 借入；借用；取（道）

opposer *v.t.* 使……对抗

rassembler *v.t.* 聚集，集中

guerrier, ère *n.* 战士，武士

mesurer *v.t.* 衡量，估计

adresse *n.f.* 敏捷，机灵

Dakar *n.* 达喀尔（塞内加尔首都）

accession *n.f.* 达到；参加，加入

habit *n.m.* 服装，衣服

Notes

1. 虽然一些非洲音乐难以在世界的舞台上崭露头角，但有些音乐类型依然在世界范围内获得了真正的成功，比如非洲节拍乐和伦巴。

2. 资料来源：https://fr.wikipedia.org/wiki/Musique_africaine

3. 非洲乐器分为四个大家族：膜鸣乐器（声音由膜产生的敲击乐器，如金贝鼓）、体鸣乐器（没有膜的敲击乐器，如巴拉风木琴）、弦鸣乐器（由弦线振动产生声音的乐器，如科拉琴）和气鸣乐器（管乐器，如曼丁哥长笛）。（资料来源：http://etab.ac-poitiers.fr/coll-hfonseque-surgeres/sites/coll-hfonseque-surgeres/IMG/pdf/5e_newseq2eleve.pdf）

4. 利奥波德·赛达尔·桑戈尔：塞内加尔诗人、政治家、文化理论家，20世纪最重要的非洲知识分子之一。

5. 《黑人和马达加斯加新诗选集》（法语）。

6. Académie française：法兰西学院 (Institut de France) 下属的五个学术院之一，主要任务是规范法国语言，保护各种艺术。由40名终身制院士组成，去世一名才选举补充一名，因此，当选该院的院士是极高的荣誉。

7. 阿西亚·德耶巴：阿尔及利亚小说家、翻译家，北非最有影响的作家之一，2005年当选法兰西学院院士。

8. 玛格丽特·尤瑟纳尔（1903—1987）：法国女诗人、小说家、戏剧家和翻译家，法兰西学院300多年历史上的第一位女院士。

9. 资料来源：https://lemag.corsair.fr/2016/09/22/la-lutte-senegalaise/